MP3
付

TEST OF PRACTICAL JAPANESE

J.TEST

〔D-E〕

実用日本語検定問題集
〔D-Eレベル〕
2019年

JN119461

日本語検定協会 編

語文研究社

はじめに

　この『J. TEST 実用日本語検定　問題集［D-E レベル］2019 年』には、2019 年に実施され
た E-F レベル試験から 4 回相当分を選び、収めました。

　「J. TEST 実用日本語検定」の練習に利用してください。

　　　　　　　　　　　　　　　　　　　　　`の最新の情報は下記の URL をご覧ください。

【訂正】D-E 　　　　　　　　　　　　　http://j-test.jp/
本書 3 ページ「はじめに」の文章
2 行目に誤りがございました。　　　　　　　　　日本語検定協会／J. TEST 事務局
以下のように訂正いたします。

　　　誤：E-F レベル
　　　正：D-E レベル

目次

はじめに

試験問題

正解とスクリプト

実用日本語検定

TEST OF PRACTICAL JAPANESE

J.TEST

受験番号		氏　名	

注　意

試験が始まるまで、この問題用紙を開けないでください。

日本語検定協会／J.TEST事務局

J.TEST

実用日本語検定

読解試験
<small>どっかいしけん</small>

1 文法・語彙問題

A 次の文の（　　　）に１・２・３・４の中から一番いい言葉を入れてください。

（1）　（　　　）としたとき、友だちが遊びに来ました。
　　　　　1　出かける　　　　2　出かけた　　　　3　出かけよう　　　4　出かけない

（2）　よく（　　　）ように、前の席に座ります。
　　　　　1　聞く　　　　　　2　聞ける　　　　　3　聞こえる　　　　4　聞いた

（3）　電気を（　　　）まま帰らないでください。
　　　　　1　つける　　　　　2　つけた　　　　　3　つけ　　　　　　4　つけて

（4）　このしごとのことは（　　　）オウさんにきいてください。
　　　　　1　何か　　　　　　2　何を　　　　　　3　何も　　　　　　4　何でも

（5）　6月になり、雨の日が増えて（　　　）。
　　　　　1　あります　　　　2　します　　　　　3　きました　　　　4　ください

（6）　先生は、5時にお帰りに（　　　）ます。
　　　　　1　し　　　　　　　2　なり　　　　　　3　いたし　　　　　4　なさい

（7）　このコップは丈夫なので、割れ（　　　）です。
　　　　　1　にくい　　　　　2　すぎ　　　　　　3　そう　　　　　　4　かけ

（8）　A：「熱があるのに、会社に行くの？」
　　　　B：「うん。大事な会議があるから、（　　　）よ」
　　　　　1　行かないわけではない　　　　　　　2　行かないわけにはいかない
　　　　　3　行かないものか　　　　　　　　　　4　行かないものではない

（9）　石田：「伊藤さんは、今どこにいますか」
　　　　井上：「彼女は、会議室に（　　　）」
　　　　　1　いることができます　　　　　　　　2　いるはずです
　　　　　3　いてもらいたいです　　　　　　　　4　いないでしょう

（10）（会社で）

　　　Ａ：「今日はずっとこのしごとをしていました」

　　　Ｂ：「えー。一回も（　　　　）ずにですか」

　　　1　休んで　　　　　　　　　　　　2　休ま

　　　3　休まない　　　　　　　　　　　4　休む

B　次の文の（　　　）に１・２・３・４の中から一番いい言葉を入れてください。

(11)　（　　　）のデパートまでは、ここから歩いて５分です。
　　　1　せいさん　　　2　かがく　　　　3　とっきゅう　　4　きんじょ

(12)　このズボンは少し（　　　）です。
　　　1　まずい　　　　2　さびしい　　　3　きつい　　　　4　つまらない

(13)　しょくじ会があったことを（　　　）忘れていました。
　　　1　すっきり　　　2　がっかり　　　3　すっかり　　　4　しっかり

(14)　Ａ：「駅前の小さなお店、どうなりましたか」
　　　Ｂ：「（　　　）なくなってしまいましたよ」
　　　1　とうとう　　　2　どんどん　　　3　なかなか　　　4　そろそろ

(15)　雨なので道が（　　　）います。
　　　1　こんで　　　　2　うごいて　　　3　とんで　　　　4　まがって

(16)　この車は、ドイツ（　　　）です。
　　　1　さく　　　　　2　せい　　　　　3　ぞう　　　　　4　ひん

(17)　（　　　）な物をとなりの部屋に運びます。
　　　1　まじめ　　　　2　じゃま　　　　3　じゆう　　　　4　きのどく

(18)　走ってきたので、（　　　）をかきました。
　　　1　かがみ　　　　2　くさ　　　　　3　あせ　　　　　4　すな

(19)　日本語を完全に（　　　）したいです。
　　　1　マスター　　　2　ガソリン　　　3　ドライブ　　　4　パンク

(20)　（　　　）は、お酒を飲みません。飲み会のときだけです。
　　　1　たまに　　　　2　ひじょう　　　3　とたんに　　　4　ふだん

C　次の文の＿＿＿＿の意味に一番近いものを１・２・３・４の中から選んでください。

(21)　彼女は、きゅうに泣きだした。
　　　　１　いきなり　　　２　また　　　　　　３　やっと　　　　　４　かなり

(22)　この道具はつかいやすいです。
　　　　１　使うのが簡単　　　　　　　　　　２　使うのが簡単ではない
　　　　３　やすく買えそう　　　　　　　　　４　古くて汚い

(23)　社長、どうぞ、めしあがってください。
　　　　１　登って　　　　　２　上にあがって　　３　食べて　　　　４　手をあげて

(24)　休むときは、かならず連絡してください。
　　　　１　ぜひ　　　　　２　ぜったいに　　　３　すぐに　　　　４　できるだけ

(25)　これ、エアメールで出しておいてください。
　　　　１　ふなびん　　　２　こうくうびん　　３　そくたつ　　　　４　はいたつ

(26)　大きな音がしたので、びっくりしました。
　　　　１　おどろきました　　　　　　　　　２　しんぱいしました
　　　　３　にげました　　　　　　　　　　　４　きをつけました

(27)　ここでのしょくじはごえんりょください。
　　　　１　おいしくないです　　　　　　　　２　おいしいです
　　　　３　してもいいです　　　　　　　　　４　しないでください

(28)　彼が出場するのだから、悪い結果になりようがない。
　　　　１　なるかもしれない　　　　　　　　２　なるわけがない
　　　　３　なるとは言えない　　　　　　　　４　ならないでほしい

(29)　いつ、目がさめましたか。
　　　　１　ねました　　　　２　おきました　　３　みました　　　　４　みせました

(30)　なんだか外がさわがしいですね。
　　　　１　あやしい　　　２　うすぐらい　　３　うるさい　　　　４　まぶしい

2 読解問題

問題 1

次のメールを読んで、問題に答えてください。
答えは1・2・3・4の中から一番いいものを1つ選んでください。

これは、金子さんとナタポンさんのメールです。

（金子さんが書いたメール）

> ナタポンさん、今、どこですか。何時ごろつきそうですか。

（ナタポンさんが書いたメール）

> わたしもメールしようと思っていたところです。駅から金子さんのいえに向かっていたのですが、道がわからなくなりました。

> え、そうなんですか？　近くに何かありますか。お店とか。

> お店はありませんが、いま、わたしは郵便局の前にいます。道の向こうに公園が見えます。

> ああ、それなら駅から反対に歩いてしまったんですね。わたし、いまから駅に行きますよ。ナタポンさんも駅に戻ってもらえますか。駅で会いましょう。

> わかりました。よろしくお願いします。

(31) ナタポンさんは、今どこにいますか。
　　 1　郵便局の中です。
　　 2　公園の近くです。
　　 3　お店の前です。
　　 4　駅です。

(32) メールの内容と合っているのは、どれですか。
　　 1　ナタポンさんは、駅に行く道がわかりません。
　　 2　ナタポンさんは、金子さんにメールをしたくなかったです。
　　 3　金子さんは、これから郵便局に向かいます。
　　 4　二人は、金子さんのいえで会うつもりでした。

問題　2

次のお知らせを読んで問題に答えてください。
答えは1・2・3・4の中から一番いいものを1つ選んでください。

お花見会について

よつや公園お花見会を、今年も行います。

みなさん来てください。

日　時：3月30日（土）19時から

ばしょ：よつや公園内

交　通：四ツ谷駅すぐ

料　金：3000円（前の日の17時までに大谷に払ってください。）

＊雨で中止になる場合はメールで連絡します。

＊来られない人は大谷に27日までにご連絡ください。

総務部　大谷

---

(33)　お花見会に行かない人は、どうすればいいですか。

　　1　何もしなくていいです。
　　2　大谷さんに 3000 円払います。
　　3　27 日までに大谷さんに連絡します。
　　4　駅に行って、大谷さんに伝えます。

(34)　お知らせの内容と合っているのは、どれですか。

　　1　お花見会は 3 月 30 日の午後 7 時から行われます。
　　2　どこでお花見会が行われるかは、まだわかりません。
　　3　お花見会は駅で行われます。
　　4　3 月 30 日が雨の場合は、31 日にお花見会が行われます。

問題　3

次の文章を読んで、問題に答えてください。
答えは１・２・３・４の中から一番いいものを１つ選んでください。

4人に、「休みの日の過ごし方」を聞きました。

Aさん	Bさん
たいてい、うちで絵をかいています。子どものときから絵をかくのが大好きで、自分のまんがをみんなに読んでもらうのが夢でした。今は他のしごとをしていますが、絵は趣味でずっとかいています。	テニスをしています。最近始めました。健康にいいですから。テニスは難しいですが、おもしろいです。一緒にテニスをするあたらしい友だちもたくさんできました。
Cさん	Dさん
何もしません。1日中寝ていることが多いです。毎日しごとがとても忙しくて、うちに帰る時間も遅いですから、疲れています。休みの日は何もしたくありません。	家族と過ごします。6歳の息子と3歳の娘がいます。しごとの日は一緒に遊べないので、休みの日は公園へ行ってたくさん遊んでやります。子どもはとてもかわいいです。

---

(35) スポーツをする人は、だれですか。
1 　Ｂさんです。
2 　Ｃさんです。
3 　ＡさんとＣさんです。
4 　ＢさんとＤさんです。

(36) 文章の内容と合っているのは、どれですか。
1 　Ａさんは、子どものときからずっと絵をかいています。
2 　Ｂさんは、友だちがいません。
3 　Ｃさんは、いつも早く帰ります。
4 　Ｄさんは、子どもが３人います。

問題　4

次の文章を読んで、問題に答えてください。
答えは1・2・3・4の中から一番いいものを1つ選んでください。

　日本では夏と冬に季節のあいさつのハガキをお世話になっている人に出す習慣があります。いつもは会えない人でもハガキで元気でいることを知らせてもらえるのは嬉しいです。しかし最近では(ア)ハガキを出す人が減ってきているようです。いちばん多かった時に比べて今では半分にまで減ってきているそうです。どうしてハガキを出す人が減ってきてしまったのでしょうか。同じことを伝えるにもメールに写真や絵を付けて送れば、時間もかからないし、便利です。それに、わざわざ夏と冬にあいさつしなくても気になるときにいつでも連絡できます。しかし、ハガキは郵便局などで買い、絵や写真を印刷して手書きで文を書き、郵便ポストに出しますからとても時間がかかります。さらにハガキを出す時期も決まっていて遅れてしまうと意味がありません。

　ハガキは書くところが狭いので1枚で気持ちをどう伝えるか考えます。たくさんの言葉で文を書くより少ない言葉で書くのは難しいです。時間はかかりますが、送る人のことを考えていることが伝わります。皆さん忙しいと思いますが、たまには時間をかけてハガキで季節のあいさつを出すのもいいと思います。

(37) 下線部（ア）「ハガキを出す人が減ってきている」のは、なぜですか。

　　1　ハガキを出す時期にいつも遅れてしまうため

　　2　手書きの文を考えることが難しいため

　　3　忙しくてハガキを出すのを忘れてしまうため

　　4　メールで送る人が増えてきているため

(38) 文章の内容と合っているのは、どれですか。

　　1　ハガキに写真や絵をつけて送ってはいけません。

　　2　日本の習慣では、あいさつのハガキを出す季節は、夏と冬です。

　　3　最近、ハガキを出す人が増えています。

　　4　ハガキは、少しだけ書けばいいので、簡単です。

問題　5

次のメールを読んで問題に答えてください。
答えは１・２・３・４の中から一番いいものを１つ選んでください。

＜外出中のリュウさんから田中さんへ送ったメール＞

田中さん
お疲れ様です。
先ほど売り上げのレポートを田中さんのパソコンに送りましたが、メールの調子が悪いようで、エラーになってしまいます。
15時ごろ、会社に戻ってから印刷したものをお渡ししてもいいですか。
リュウ

＜田中さんからリュウさんへ送ったメール＞

リュウさん
お疲れ様です。
そうですか。確かに届いていなくて心配していましたよ。
その時間はもう会社にいないので、この携帯のメールに今すぐ送ってください。
送る前に、きちんと見直しをしてくださいね。
田中

田中さん
承知しました。
見直しは一度しましたが、もう一度してから送ります。
リュウ

---

(39) 田中さんについて、メールの内容と合っているのは、どれですか。

1 15時にレポートを届けてほしいです。

2 今すぐレポートを送ってほしいです。

3 レポートが届かないのでいらいらしています。

4 リュウさんのメールを直します。

(40) リュウさんは、この後まず、何をしますか。

1 田中さんにレポートを渡しに行きます。

2 レポートをもう一度書きます。

3 メールを見直します。

4 レポートを見直します。

問題　6

次のメモを読んで問題に答えてください。
答えは１・２・３・４の中から一番いいものを１つ選んでください。

石井さん

本日（５月25日）11：00
新宿スポーツ営業部の加藤様よりTELあり
新製品についての質問と、
以前売り切れになった健康器具についての（　Ａ　）
今日中に会社へでんわしてほしい
なお、12：00〜14：00は席をはずされるそうです
よろしくお願いします

中田

---

(41)　メモの内容と合っているのは、どれですか。
1　中田さんは、午前中に加藤さんからのでんわを受けました。
2　石井さんは、２つのことについて加藤さんと話したいと思っていました。
3　加藤さんは、石井さんに再びでんわをかけてきます。
4　加藤さんは、12時から14時の間に石井さんとでんわで話したいと思っています。

(42)　（　Ａ　）に入る言葉は、どれですか。
1　組み合わせ
2　問い合わせ
3　レベル
4　ノート

問題　7

次の文書を読んで、問題に答えてください。
答えは１・２・３・４の中から一番いいものを１つ選んでください。

2019 年 3 月 7 日

社員各位

経営企画部長　高田行雄

価格の変更について

材料費が上がったため、商品の価格を変更致します。
お付き合いのある会社等へのご連絡をお願い致します。
この件についての質問は、メールにて受け付けます。

1　価格変更日　　　　2019 年 4 月 1 日
2　価格変更対象商品　・CA-401
　　　　　　　　　　　・MA-402
　　　　　　　　　　　・LA-601
3　旧新価格の比較

商品名	旧価格	新価格
・CA-401	3,200 円	3,500 円
・MA-402	3,800 円	4,000 円
・LA-601	6,500 円	7,200 円

以上

---

(43)　文書には、何が書いてありますか。
　　1　2019年3月から商品価格が変わること
　　2　商品価格を上げること
　　3　商品価格を下げること
　　4　3つの商品を発売すること

(44)　文書を見た後、社員はまず、何をしますか。
　　1　高田さんにでんわで連絡する。
　　2　材料費を部長にメールで連絡する。
　　3　付き合いのある会社に通知する。
　　4　変更した価格を高田さんに通知する。

問題　8

次の文章を読んで、問題に答えてください。
答えは１・２・３・４の中から一番いいものを１つ選んでください。

　日本では、インターネットでニュースサイトを見る人が増え、新聞を読む人が減っています。ニュースや情報を知るにはインターネットを利用するほうが早いし、新聞を買うお金ももったいないからだそうです。わたしの友だちも、(ア)前は読んでいたけれど今は読まないと言います。

　わたしは毎日、新聞を読みます。もちろん、スマホでニュースサイトを見ることもあります。ニュースを知るだけなら、それで十分です。並んだニュースの見出しの中から、自分が興味を持ったニュースだけを選んでアクセスし、そこにある字をざっと読んで情報を得ます。とても便利ですが、スマホで見るときはそれだけで終わってしまいます。

　新聞を読むときはちがいます。新聞記事の内容は、幅が広いです。ニュースだけでなく、今、社会で問題となっていることを、新聞を書く人が深く調べ、分析や詳しい解説をする記事もあります。スマホでは気にしない記事も、見出しが目に入って思わず読んでしまうこともあります。知識が増えるだけでなく、自分の興味が広がったり、考えが深まることも多いです。それは自分の人生を少し豊かにしてくれると思います。

　新聞を読むと、時間も、お金もかかります。でも、わたしはこれからもずっと、新聞を読み続けるつもりです。

(45) 下線部（ア）「前は読んでいたけれど今は読まない」のは、なぜですか。

　1　新聞のほうが、知識が増えるから

　2　新聞のほうが、分析や詳しい解説があるから

　3　インターネットのほうが、やすくて情報の幅が広いから

　4　インターネットのほうが、早くてお金がかからないから

(46) わたし（＝筆者）について、文章の内容と合っているのは、どれですか。

　1　昔は読んでいたが、今は読んでいない。

　2　今は新聞よりスマホのニュースサイトをよく読む。

　3　新聞記事を読むと、自分の考えが深まることも多い。

　4　新聞がもっとやすくなれば、これからも読み続けたい。

3 漢字問題

A 次のひらがなの漢字をそれぞれ１・２・３・４の中から１つ選んでください。

(47) ここで<u>やさい</u>を買います。

　　　1　野菜　　　　　2　洋服　　　　　3　朝食　　　　　4　鳥肉

(48) わたしの<u>うんてん</u>で社長のいえへ向かいます。

　　　1　運転　　　　　2　運動　　　　　3　電車　　　　　4　電話

(49) ここは、<u>みどり</u>が多くてきれいな町です。

　　　1　魚　　　　　　2　犬　　　　　　3　家　　　　　　4　緑

(50) この建物は、<u>つよい</u>です。

　　　1　軽い　　　　　2　弱い　　　　　3　重い　　　　　4　強い

(51) <u>しごと</u>は何ですか。

　　　1　住所　　　　　2　仕事　　　　　3　映画　　　　　4　病院

(52) あそこ、見て、何か<u>ひかっ</u>ている。

　　　1　乗って　　　　2　光って　　　　3　歌って　　　　4　立って

(53) エアコンが一番<u>やすい</u>のは、わたしの店です。

　　　1　安い　　　　　2　暗い　　　　　3　寒い　　　　　4　遠い

(54) <u>やさしい</u>問題から解いたほうがいい。

　　　1　親しい　　　　2　優しい　　　　3　易しい　　　　4　新しい

(55) この食品について、何か<u>かんそう</u>はありますか。

　　　1　感想　　　　　2　相談　　　　　3　面倒　　　　　4　提案

(56) <u>およぐ</u>のが得意だ。

　　　1　演ぐ　　　　　2　泳ぐ　　　　　3　流ぐ　　　　　4　浮ぐ

B 次の漢字の読み方を例のようにひらがなで書いてください。

・ひらがなは、きれいに書いてください。
・漢字の読み方だけ書いてください。

（例） はやく書いてください。 〔（例）   か   〕

---

(57) 青いベンチに座っているのがわたしの彼女です。

(58) 毛糸でセーターを作りました。

(59) あの会社が出す商品は、油が多いですから、体に悪いです。

(60) 趣味で切手を集めています。

(61) 港に船を見に行きます。

(62) 月末ですから、今夜は忙しいと思います。

(63) この道を、まっすぐ進んでください。

(64) あの公園には、かわいい猫がいる。

(65) 虫がいる！ 捕まえて！

(66) 明日から３日間留守にします。

4　記述問題

A　例のように＿＿＿＿＿に合う言葉を入れて文を作ってください。

・漢字は、<u>今の日本の漢字</u>を書いてください。

（例）　きのう、＿＿＿＿＿＿＿＿でパンを＿＿＿＿＿＿＿＿。
　　　　　　　　　　　　　（A）　　　　　　　　　　　　（B）

（例）	(A)	スーパー	(B)	買いました

---

(67)　日本語が＿＿＿＿＿＿＿なりたいので、日本人と＿＿＿＿＿＿＿ようにしています。
　　　　　　　　　　　（A）　　　　　　　　　　　　　　　　　　　（B）

(68)　A：もう洗濯物が＿＿＿＿＿＿＿いますよ。
　　　　　　　　　　　　　（A）

　　　B：あ、本当だ。＿＿＿＿＿＿＿がいいと早いですね。
　　　　　　　　　　　　　（B）

(69)　（会社で）
　　　「ボールペン、あと＿＿＿＿＿＿＿ありますか。少なければ＿＿＿＿＿＿＿おきます
　　　　　　　　　　　　　（A）　　　　　　　　　　　　　　　　　　（B）
　　　が…」

(70)　A：＿＿＿＿＿＿＿ですが、お名前を教えていただけますか。
　　　　　　　（A）

　　　B：はい、鈴木と＿＿＿＿＿＿＿。
　　　　　　　　　　　　　　（B）

B　例のように３つの言葉を全部使って、会話や文章に合う文を作ってください。

・【　　　】の中の文だけ書いてください。
・１.→２.→３.の順に言葉を使ってください。
・言葉の〜〜〜の部分は、形を変えてもいいです。
・文は、１つか２つです。３つ以上は、だめです。
・漢字は、今の日本の漢字を書いてください。

（例）
きのう、【　１.　どこ　　→　　２.　パン　　→　　３.　買う　】か。

（例）	どこでパンを買いました

---

(71)
わたしは、まだ【　１.　東京　　→　　２.　行く　　→　　３.　こと　】がありません。

(72)
A：あの【　１.　帽子　　→　　２.　かぶる　　→　　３.　人　】は誰ですか。

B：わたしの友だちです。

(73)
A：どうしたんですか。

B：でんしゃで【　１.　隣　　→　　２.　人　　→　　３.　足　】踏まれたんです。

(74)
わたしは最近、節約【　１.　ため　　→　　２.　お弁当　　→　　３.　持参する　】。

J.TEST

実用日本語検定

聴解試験
ちょう かい し けん

---

1 写真問題 (問題1〜6)

例題

れい ● ② ③ ④ （答えは解答用紙にマークしてください）

A 問題1

B 問題2

C 問題3

D 問題4

E 問題5

F　　問題6

2 聴読解問題 (問題7〜12)

例題

① ② ③ ④

れい　①　②　③　●　(答えは解答用紙にマークしてください)

G　問題7

① ② ③ ④

H 　問題8

I 　問題9

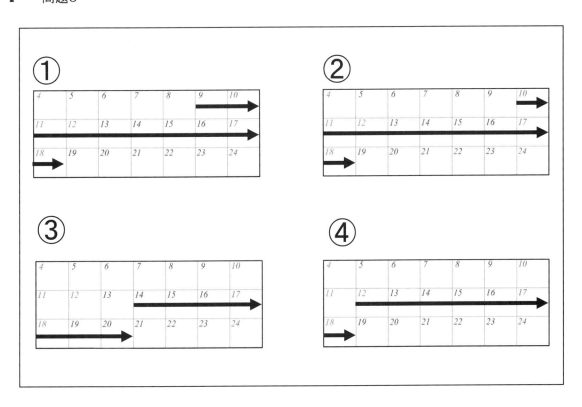

J　問題10

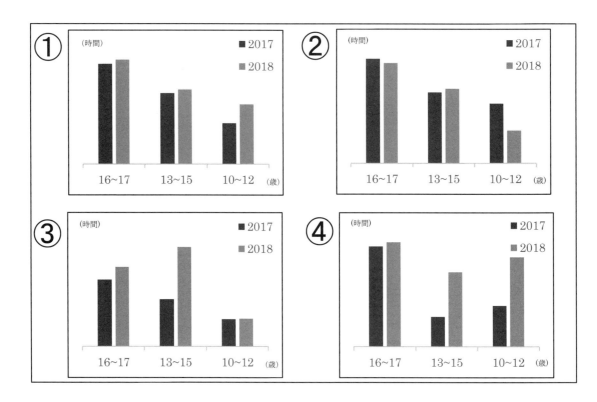

K　問題11

L 問題12

① 1,000 円

② 2,000 円

③ 3,000 円

④ 4,000 円

3 応答問題

おうとうもんだい

（問題だけ聞いて答えてください。）

例題1	→	れい1	●	②	③
例題2	→	れい2	①	●	③

（答えは解答用紙にマークしてください）

問題13

問題14

問題15

問題16

問題17

問題18

問題19

問題20

メモ（MEMO）

問題21

問題22

問題23

問題24

問題25

問題26

問題27

問題28

4 会話・説明問題

例題	
	1 耳が痛いですから
	2 頭が痛いですから
	3 歯が痛いですから

れい	① ● ③	（答えは解答用紙にマークしてください）

1

問題29　1　カレーライスです。

　　　　2　てんぷらセットです。

　　　　3　ハンバーグです。

問題30　1　男の人がやせている女の人が好きだからです。

　　　　2　来月友だちの結婚式があるからです。

　　　　3　甘いものを食べすぎたからです。

2

問題31　1　料理教室です。

　　　　2　生け花教室です。

　　　　3　お茶の教室です。

問題32　1　自分の国の文化を教えました。

　　　　2　日本の文化を教えてもらいました。

　　　　3　外で花をあつめました。

3

問題33　1　会社に戻ります。
　　　　2　部長のいえに行きます。
　　　　3　いえに帰ります。

問題34　1　ポスターを作ります。
　　　　2　会議に行きます。
　　　　3　カレンダー作りを続けます。

4

問題35　1　18歳のときです。
　　　　2　去年です。
　　　　3　今年です。

問題36　1　何歳でしてもいい。
　　　　2　若いときにしたほうがいい。
　　　　3　年を取ってからしたほうがいい。

5

問題37　1　3月です。
　　　　2　4月です。
　　　　3　5月です。

問題38　1　新聞を読みます。
　　　　2　会議に出席します。
　　　　3　スカートをはきます。

おわり

実用日本語検定

TEST OF PRACTICAL JAPANESE

J.TEST

受験番号		氏 名	

注 意

試験が始まるまで、この問題用紙を開けないでください。

日本語検定協会／J.TEST事務局

J.TEST

実用日本語検定

読 解 試 験

1	文法・語彙問題	問題	（1）～（30）
2	読解問題	問題	（31）～（46）
3	漢字問題	問題	（47）～（66）
4	記述問題	問題	（67）～（74）

1 文法・語彙問題

A 次の文の（　　　）に1・2・3・4の中から一番いい言葉を入れてください。

（1）　急いで支度（　　　）ば、30分で着きます。
　　　　1　する　　　　　　2　すれ　　　　　　3　した　　　　　　4　して

（2）　あれだけ言った（　　　）どうしてまた同じ失敗をするんですか。
　　　　1　から　　　　　　2　のに　　　　　　3　はずで　　　　　4　ように

（3）　チンさんが結婚する（　　　）を知っていますか。
　　　　1　が　　　　　　　2　と　　　　　　　3　に　　　　　　　4　の

（4）　冬休みはどこか（　　　）つもりですか。
　　　　1　行く　　　　　　2　行った　　　　　3　行こう　　　　　4　行き

（5）　熱がある（　　　）はやく帰ったほうがいいですよ。
　　　　1　なら　　　　　　2　ばかり　　　　　3　ば　　　　　　　4　でも

（6）　隣の家の犬が（　　　）なってしまったらしい。
　　　　1　いた　　　　　　2　いなく　　　　　3　いない　　　　　4　いて

（7）　A：「わたしが（　　　）」
　　　　B：「ありがとう」
　　　　1　お案内します　　　　　　　　　　2　お案内になります
　　　　3　ご案内します　　　　　　　　　　4　ご案内になります

（8）　A：「あ、また3分遅れてる。この時計、近頃（　　　）んです」
　　　　B：「電池をかえたらいいですよ」
　　　　1　遅れているように見える　　　　　2　遅れるしかない
　　　　3　遅れようがない　　　　　　　　　4　遅れがちな

（9）　A：「毎日遅くまでプレゼンの練習をしているようですが、体は大丈夫ですか」

　　　B：「ライバルの会社には、絶対に（　　　　）わけにはいかないからね」

　　　1　負かせ　　　　　　　　　　　2　負けた

　　　3　負ける　　　　　　　　　　　4　負けて

（10）（会社で）

　　　A：「課長の話、ながい（　　　　）つまらないんだよな」

　　　B：「ええ、ミーティング、短くなりませんかね」

　　　1　上に　　　　　　　　　　　　2　を通して

　　　3　に沿って　　　　　　　　　　4　とか

B　次の文の（　　　）に1・2・3・4の中から一番いい言葉を入れてください。

(11)　この駅で地下鉄に（　　　）ます。
　　　1　きりかえ　　　　2　とりかえ　　　　3　おりかえ　　　　4　のりかえ

(12)　家から会社まで1時間半も（　　　）。
　　　1　まがります　　2　たります　　　3　かかります　　4　とまります

(13)　あついので、部屋の（　　　）をつけました。
　　　1　エンジン　　　　　　　　　　　2　エアコン
　　　3　エスカレーター　　　　　　　　4　ライト

(14)　家族に会えなくて、（　　　）です。
　　　1　あさい　　　　　2　うつくしい　　3　かたい　　　　4　さびしい

(15)　この会社のルールを（　　　）ください。
　　　1　すべって　　　2　おって　　　　3　まもって　　　4　ゆれて

(16)　（　　　）して、約束の時間に遅れました。
　　　1　ねぼう　　　　2　えんりょ　　　3　ほうそう　　　4　けいけん

(17)　A：「大学院で国際関係を研究したそうですが、仕事の役に（　　　）いますか」
　　　B：「うーん。ときどきですが…」
　　　1　なって　　　　2　しって　　　　3　はいって　　　4　たって

(18)　わたしの顔は、父に（　　　）です。
　　　1　あっさり　　　2　そっくり　　　3　ぐっすり　　　4　すっきり

(19)　伊藤さんが作った資料は、いつも間違い（　　　）です。
　　　1　ついで　　　　2　ほど　　　　3　だらけ　　　　4　かけ

(20)　この会社のオフィスには（　　　）種類の本が揃っています。
　　　1　せっかく　　　2　もともと　　　3　あらゆる　　　4　はたして

C　次の文の＿＿＿＿の意味に一番近いものを１・２・３・４の中から選んでください。

(21)　林さんに、片付けをお願いしました。
　　　1　たずねました　2　たのみました　3　ならいました　4　ちゅういしました

(22)　このコーヒーは、熱すぎます。
　　　1　熱くします　　　　　　　　　　　2　熱くないです
　　　3　とても熱いです　　　　　　　　　4　少し熱いです

(23)　さいしょはみんな、上手に話せませんよ。
　　　1　すぐに　　　　2　はじめ　　　　3　しばらく　　　　4　たいてい

(24)　トウさんの発表は、とてもすばらしかったです。
　　　1　りっぱでした　　　　　　　　　　2　いやでした
　　　3　やさしかったです　　　　　　　　4　つらかったです

(25)　さいきん、よく料理をします。
　　　1　これから　　　　2　しょうらい　　　3　このごろ　　　　4　このあいだ

(26)　その仕事、ちょっとストップしてください。
　　　1　なげて　　　　　2　やめて　　　　3　しらせて　　　　4　つづけて

(27)　このパソコン、木村さんに修理してもらいましょうか。
　　　1　ぬすんで　　　2　はこんで　　　3　なおして　　　4　つつんで

(28)　このコートはちょうどいいです。
　　　1　ぴったり　　　　2　たっぷり　　　3　さっぱり　　　　4　がっかり

(29)　A：「会議室の電気は、もう消してもかまいませんか」
　　　B：「ええ、もう使いません」
　　　1　消してもいいです　　　　　　　　2　消したらいけません
　　　3　消さないほうがいいです　　　　　4　消さなければなりません

(30)　社長との食事だったので、苦手な料理も食べきった。
　　　1　ぜんぶ食べた　　　　　　　　　　2　食べずにのこした
　　　3　さいごに食べた　　　　　　　　　4　食べなければならなかった

2 読解問題

問題　1

次のメールを読んで、問題に答えてください。
答えは1・2・3・4の中から一番いいものを1つ選んでください。

これは、カンさんと会社の人のメールです。

（カンさんが書いたメール）

> カンと申します。ざっしでアルバイトの募集を見ました。
> 日本語が、あまり上手じゃありませんが、働けますか。

（会社の人が書いたメール）

> カンさん、お問い合わせありがとうございます。
> カンさんは、どこの国の人ですか。
> 日本語の字が読めますか。

> わたしは、ベトナム人です。
> ひらがなと、カタカナは、どちらも読めます。
> 漢字は、簡単な字は、大丈夫です。

> そうですか。ひらがなが読めれば、大丈夫です。工場
> には、ベトナム人のリーダーがいます。
> 今週か、来週、面接に来てください。

> わかりました。では、あした金曜日は、時間がありますか
> ら、そちらへ行きたいです。時間をおしえてください。
> よろしくお願いします。

(31) カンさんについて、メールの内容と合っているのは、どれですか。

   1　カタカナがあまり読めません。

   2　漢字が少し読めます。

   3　あしたから働くことになりました。

   4　金曜日は忙しいです。

(32) 会社について、メールの内容と合っているのは、どれですか。

   1　工場の仕事はありません。

   2　ひらがなが読めないと働けません。

   3　ベトナムの人はリーダーになれません。

   4　カンさんとは面接しません。

問題　2

次のお知らせを読んで問題に答えてください。
答えは１・２・３・４の中から一番いいものを１つ選んでください。

社内日本語試験について

時間：11月15日（木）　午前10時～12時

① 9時45分までに第一会議室へ来てください。

② 必要なものは鉛筆と消しゴムです。ボールペンは使わないでください。
社員番号を覚えていない人は、社員カードも持って来てください。

③ 机に番号が書いてあります。社員カードに書いてある社員番号と同じ机に座ってください。かばんはいすの下に置いてください。

④ 問題をもらったらまず、問題用紙にあなたの社員番号と名前を書いてください。

⑤ 試験が終わったら、問題用紙も集めます。持って帰ってはいけません。

---

(33)　全員が持って行くものは、何ですか。
　　1　鉛筆と消しゴムです。
　　2　鉛筆と消しゴムと社員カードです。
　　3　鉛筆と消しゴムとボールペンです。
　　4　鉛筆と消しゴムと問題用紙です。

(34)　お知らせの内容と合っているのは、どれですか。
　　1　10時に会議室へ行かなければなりません。
　　2　かばんは机の上に置きます。
　　3　試験が終わったら、家に問題を持ち帰ります。
　　4　問題用紙をもらったら、名前を書きます。

問題　3

次の文章を読んで、問題に答えてください。
答えは１・２・３・４の中から一番いいものを１つ選んでください。

4人に、「好きな日本の食べ物」を聞きました。

Aさん

わたしは中国人ですが、日本のラーメンが好きです。日本人の友だちは「ラーメンは中国の食べ物でしょう」と言いますが、日本のラーメンは中国のとぜんぜん違います。

Bさん

わたしは、すしとさしみが好きです。わたしの国では、魚を焼いて食べますから、日本でさしみを初めて見たとき、びっくりしました。でも、今は、1週間に1かい食べます。

Cさん

わたしは、すしが好きです。わたしの国にも、すしのレストランがありますが、日本のすしとちょっと違います。くだもののすしがあるんですよ。おもしろいでしょう。

Dさん

わたしは、てんぷらが好きです。毎日食べたいですが、高いので、食べられません。自分で作ってみましたが、あまり上手にできませんでした。

---

(35)　日本の食べ物を作ってみたのは、だれですか。
　　　1　Aさんです。
　　　2　Bさんです。
　　　3　Cさんです。
　　　4　Dさんです。

(36)　Bさんについて、文章の内容と合っているのは、どれですか。
　　　1　日本で初めてさしみを見ました。
　　　2　さしみを焼いて食べます。
　　　3　毎日さしみを食べます。
　　　4　さしみを食べて、びっくりしました。

問題 4

次の文章を読んで、問題に答えてください。
答えは1・2・3・4の中から一番いいものものを1つ選んでください。

　みなさんは、何色の服をよく着ますか。わたしは、今まで、青や黒の服を着ることがおおかったです。子どものとき、母が買ってくれる服はだいたい青や黒でした。学校でも、男の子は、青や黒の服を着ていたので、わたしはそれが男の色だと思っていました。

　ですから、誕生日に、ピンクのシャツを妻にもらったとき、驚きました。妻は、服の店で働いているので、とてもおしゃれです。そんな妻が「ぜったい似合うと思うよ」と言うので、わたしは着てみました。明るいピンクのシャツを着たら、気持ちも明るくなりました。それで、わたしは、もらったシャツを着て、出かけてみました。喫茶店の店員さんが「すてきなシャツですね」と言ってくれたので、もっと明るい気持ちになりました。

　もうすぐ春ですね。町でも、明るい服を着ている人が増えたようです。わたしも、これからは、「男の色」だけではなく、いろんな色の服を着て、ファッションを楽しみたいです。

---

(37) わたし（＝筆者）について、文章の内容と合っているのは、どれですか。

1 子どものとき、ピンクの服をよく着ました。

2 ピンクのシャツがあまり好きじゃありません。

3 もらったシャツは、まだ着ていません。

4 喫茶店の店員にほめられました。

(38) わたし（＝筆者）の妻について、文章の内容と合っているのは、どれですか。

1 服を選ぶのが下手です。

2 青や黒の服をよく買います。

3 服の店の店員です。

4 シャツをもらいました。

問題　5

次のメールを読んで問題に答えてください。
答えは１・２・３・４の中から一番いいものを１つ選んでください。

＜リーさんから有本課長へ送ったメール＞

> 有本さん
>
> おはようございます。リーです。
>
> 今、電車の中なのですが、事故で遅れています。
>
> 会社に着くのが遅くなりそうです。申し訳ありません。
>
> 今、大阪駅を出たところです。9時半ごろに会社に到着できると思います。
>
> リー

＜有本課長からリーさんへ送ったメール＞

> リーさん
>
> おはようございます。
>
> わかりました。10 時から会議がありますので、リーさんが間に合わなかったら先に始めておきます。気をつけて来てください。
>
> 有本

> 有本さん
>
> ありがとうございます。
>
> ご迷惑をおかけしてすみません。
>
> リー

---

(39) リーさんについて、メールの内容と合っているのはどれですか。
1 電車で会社へ行きます。
2 会社を休みます。
3 10時に会社へ行きます。
4 バスで会社へ行きます。

(40) メールの内容と合っているのはどれですか。
1 有本課長は電車で会社へ行きます。
2 リーさんの乗った電車は、今大阪駅です。
3 有本課長とリーさんは今日、会議があります。
4 有本課長はリーさんが来てから、会議を始めます。

問題 6

次のお知らせを読んで問題に答えてください。
答えは１・２・３・４の中から一番いいものを１つ選んでください。

2019 年 5 月 1 日

社員各位

企画部長　小嶋

新サービスのお知らせ

6 月 1 日より、TOKYO地下鉄から新しいサービスが始まります。

駅にあるきっぷ販売機で、お金を引き出すことができるようになります。

きっぷを買う人が少なくなっている今、販売機をより便利に使ってもらお

うという目的です。

このサービスを利用するには、スマートフォンのアプリが必要です。初め

て利用する方には説明が必要な場合がありますので、社員向けの説明会を

開きます。説明会は 5 月 10 日・17 日・24 日の午後 6 時からです。その後、

アルバイトの駅係員にもサービスについて伝え、利用方法を一緒に確認し

てください。よろしくお願い致します。

以上

(41) お知らせの内容と合っているのは、どれですか。

1 銀行の新しいサービスです。

2 きっぷを買う人が減っています。

3 5月から始まるサービスです。

4 初めてサービスを使うとき、利用者全員に説明が必要です。

(42) このお知らせを見た社員は、このあとまず何をしますか。

1 利用者向けの説明会を開きます。

2 社内の説明会に参加します。

3 駅係員にサービスについて伝えます。

4 お金を引き出します。

問題　7

次のメールを読んで、問題に答えてください。
答えは１・２・３・４の中から一番いいものを１つ選んでください。

2019/5/10（金）11：00

件名：商品発送のご連絡

山田　直子　様

このたびは当社のオンラインショッピングをご利用くださいましてありがとうございます。本日、ご注文の商品をお送りいたしました。

万一、お届けした商品にご満足いただけない場合は、商品が届いてから一週間以内に、お電話またはメールにてご連絡くださいますようお願いいたします。そのときには理由もお知らせください。キズや汚れがあるなどの場合、交換のご案内をさせていただきます。それ以外の場合もご相談ください。

山田様のまたのご利用、心よりお待ちしております。

ABC ショッピング
総務部　中村さつき
電話：0120-123-xxx　【（月）〜（土）10：00〜18：00】
メール：abc@abc-shopping.co.jp

---

(43) メールの内容と合っているのはどれですか。

1 商品は一週間後に届く。

2 交換はキズや汚れがあった場合のみできる。

3 山田さんはこれから商品を注文する。

4 交換したいときは理由を言わなければならない。

(44) 商品を交換したいとき、どうしますか。

1 ABCショッピングに商品を送り返す。

2 日曜日にABCショッピングに電話する。

3 商品を受け取って7日以内に中村さんにメールする。

4 商品を受け取って10日以内に中村さんに電話する。

問題　8

次の文章を読んで、問題に答えてください。
答えは1・2・3・4の中から一番いいものを1つ選んでください。

　わたしは小さいころから宇宙に憧れていて、宇宙飛行士になるのが夢でした。宇宙飛行士になるのはものすごく難しく、その夢はかないませんでしたが、今でも望遠鏡で星空を見ることが好きです。先日、日本で初めて国の機関ではなく、民間のロケット打ち上げが成功したというニュースを見ました。ロケットに乗って宇宙に行くことは、何度も夢に見ましたが、ロケットを飛ばすことについては、初めて関心を持ちました。

　初めて知ったこの民間のロケットがどんなものなのか、どうやって飛ばすのか、コストはどのくらいなのか、これからどうなっていくのか、宇宙飛行士を夢見ていたときのわくわくどきどきした気持ちを思い出しました。調べていくうちに、民間のロケット打ち上げは、想像以上に大変なものだったのだと知りました。失敗しては修正し、また失敗しては修正し、何度もそれを繰り返して（　A　）成功したそうです。

　「ロケットを飛ばすほうもいいなあ」と、ふと思いました。わたしはもう来年60歳になります。今からロケットを打ち上げるために何かをするのは難しいです。しかし、これからも大好きな星空を見ながら友と語り合うことはできます。民間ロケット打ち上げのニュースを通じて、また新しい夢を見ることができました。民間ロケット打ち上げを成功させてくれた人たちに感謝しています。

---

(45)　（　A　）に入る言葉は、何ですか。
　　　1　わざと
　　　2　たまに
　　　3　やっと
　　　4　かなり

(46)　わたし（＝筆者）について、文章の内容と合っているのは、どれですか。
　　　1　これから宇宙飛行士になる予定です。
　　　2　ニュースを見るまで、民間のロケットのことを知りませんでした。
　　　3　夢がかなったので、周りの人に感謝しています。
　　　4　小さいころから、ロケットを打ち上げたいと思っていました。

3 漢字問題

A　次のひらがなの漢字をそれぞれ１・２・３・４の中から１つ選んでください。

(47)　よるは部長の家族と食事会です。
　　　　1　夏　　　　　　2　夜　　　　　　3　音　　　　　　4　秋

(48)　豊田さんはわかく見えます。
　　　　1　若く　　　　　2　安く　　　　　3　暑く　　　　　4　長く

(49)　森さん、携帯がなっていますよ。
　　　　1　写って　　　　2　売って　　　　3　映って　　　　4　鳴って

(50)　ぜひいちどお会いしたいです。
　　　　1　一同　　　　　2　一門　　　　　3　一度　　　　　4　一回

(51)　名前はべつの紙に書くんですよ。
　　　　1　別　　　　　　2　特　　　　　　3　生　　　　　　4　下

(52)　あなたが住んでいる町では、どんなさんぎょうがさかんですか。
　　　　1　土産　　　　　2　三行　　　　　3　産業　　　　　4　残業

(53)　仕事を始める前に、まずその日のけいかくを立ててください。
　　　　1　計画　　　　　2　動画　　　　　3　時計　　　　　4　計算

(54)　この家は駅からとおくて不便です。
　　　　1　早くて　　　　2　多くて　　　　3　太くて　　　　4　遠くて

(55)　あのざっしは人気があります。
　　　　1　雑誌　　　　　2　広告　　　　　3　規則　　　　　4　冊子

(56)　荷物をあずかりましょうか。
　　　　1　預かり　　　　2　助かり　　　　3　造り　　　　　4　渡り

B　次の漢字の読み方を例のようにひらがなで書いてください。

・ひらがなは、きれいに書いてください。
・漢字の読み方だけ書いてください。

（例）　はやく書いてください。　［

（例）	か

---

(57)　この漢字の読み方を教えてください。

(58)　あしたからは、もっと涼しくなるみたいですね。

(59)　祖父は毎週金曜日に、病院に通っています。

(60)　台所で料理をします。

(61)　歌うことはとても楽しいです。

(62)　田中さんのご主人、アメリカから帰ってきたそうですよ。

(63)　川の魚が死んでいました。

(64)　庭で花を育てています。

(65)　申し訳ございませんが、お断りいたします。

(66)　週末は部屋の掃除をします。

4 記述問題

A 例のように_____に合う言葉を入れて文を作ってください。

・漢字は、今の日本の漢字を書いてください。

(例) きのう、_____でパンを_____。
                              (A)   (B)

(例)	(A)	スーパー	(B)	買いました

---

(67) もし、お金がたくさん_____ら、_____を買いたいです。
                                    (A)   (B)

(68) 荷物が_____ので、友だちに_____もらいました。
                  (A)   (B)

(69)

A：あしたそちらに伺いたいんですが、ご都合は_____ですか。
                                                          (A)

B：昼間は用事がありますが、_____ならいいですよ。
                                      (B)

(70) 会議中、ずっと_____っぱなしだったので、_____。
                        (A)   (B)

B　例のように３つの言葉を全部使って、会話や文章に合う文を作ってください。

・【　　】の中の文だけ書いてください。
・１．→２．→３．の順に言葉を使ってください。
・言葉の　　の部分は、形を変えてもいいです。
・文は、１つか２つです。３つ以上は、だめです。
・漢字は、今の日本の漢字を書いてください。

（例）
きのう、【　１．どこ　　→　２．パン　　→　３．買う　】か。

（例）	どこでパンを買いました

(71)
みなさん、【　１．テーブル　　→　２．お皿　　→　３．並べる　】ください。

(72)
A：遅くなってすみません。

B：大丈夫ですよ。【　１．わたし　　→　２．今　　→　３．来る　】ばかりです

から。

(73)　（会社で）
A：こんなにながく休むなんて、めずらしいですね。

B：こどもが風邪をひいて【　１．５日間　　→　２．熱　　→　３．下がる　】

なかったんです。

(74)
【　１．アイデア　　→　２．忘れる　　→　３．メモする　】おきます。

J.TEST

実用日本語検定

<ruby>聴<rt>ちょう</rt></ruby> <ruby>解<rt>かい</rt></ruby> <ruby>試<rt>し</rt></ruby> <ruby>験<rt>けん</rt></ruby>

1 写真問題 (問題1〜6)

| れい | ● ② ③ ④ | (答えは解答用紙にマークしてください) |

A　問題1

B 　問題2

C 　問題3

D 問題4

E 問題5

F 　問題6

2 聴読解問題 (問題7〜12)

れい　① ② ③ ●　（答えは解答用紙にマークしてください）

G　問題7

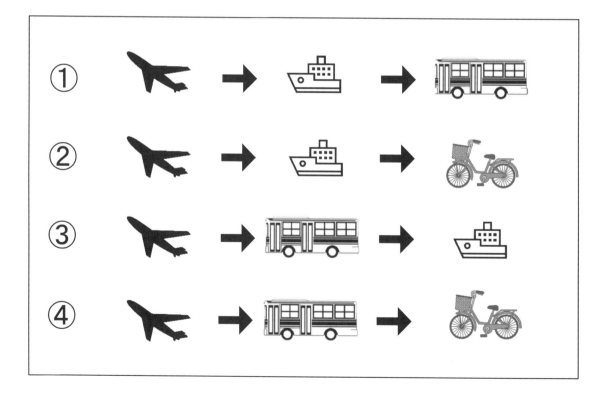

- 74 -

H　問題8

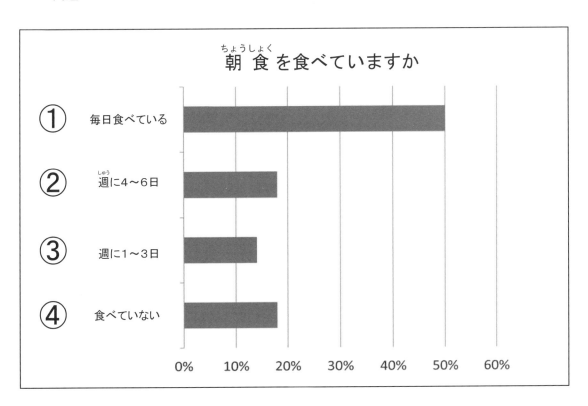

I　問題9

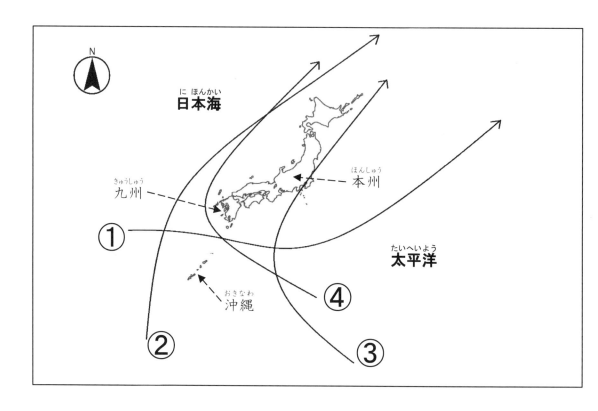

① 創立10周年
記念パーティー
日時：４月１０日（火）
１８時開場
会場：四谷区民センター

② 創立９周年
記念パーティー
日時：４月１０日（水）
１８時開場
会場：四谷区民センター

③ 創立10周年
記念パーティー
日時：４月１０日（水）
１８時開場
会場：四谷区民センター

④ 創立９周年
記念パーティー
日時：４月９日（水）
１８時開場
会場：四谷区民センター

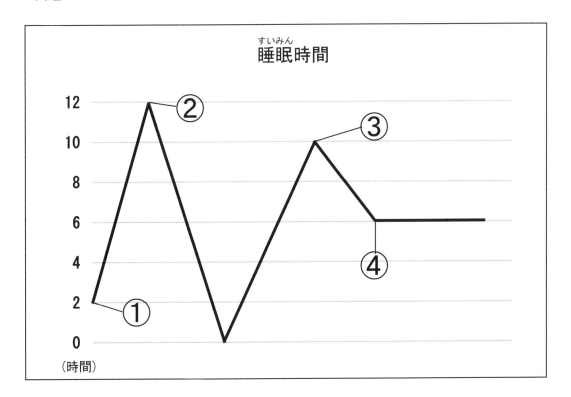

睡眠時間

3 応答問題

（問題だけ聞いて答えてください。）

例題1	→	れい1	●	②	③
例題2	→	れい2	①	●	③

（答えは解答用紙にマークしてください）

問題13

問題14

問題15

問題16

問題17

問題18

問題19

問題20

メモ（MEMO）

問題21

問題22

問題23

問題24

問題25

問題26

問題27

問題28

4 会話・説明問題

例題	1 耳が痛いですから
	2 頭が痛いですから
	3 歯が痛いですから

れい	① ● ③	（答えは解答用紙にマークしてください）

1

問題29　1　サンダルでも大丈夫です。

　　　　2　荷物は軽いほうがいいです。

　　　　3　冬用の服を準備したほうがいいです。

問題30　1　海外からの登山客が増えていることです。

　　　　2　けがをする人が増えていることです。

　　　　3　ちゃんと準備をしないで登る人がいることです。

2

問題31　1　日本人がぼうしをかぶらないことです。

　　　　2　日本人が雨にぬれても気にしないことです。

　　　　3　日本人がみんな傘をさしたことです。

問題32　1　服やかばんがぬれるのが嫌だからです。

　　　　2　日本の気候は風がよく吹くからです。

　　　　3　日本人はぼうしをかぶる習慣がないからです。

3

問題33　1　ホテルのレストランを予約します。
　　　　2　居酒屋をキャンセルします。
　　　　3　和食の店に電話します。

問題34　1　女の人は、いつも同じ店じゃないほうがいいと思っています。
　　　　2　男の人は、食事会の予約をしなくても大丈夫だと思っています。
　　　　3　女の人は、ホテルのレストランは高いと思っています。

4

問題35　1　1万円から2万円です。
　　　　2　5千円から1万円です。
　　　　3　5千円以下です。

問題36　1　1万円です。
　　　　2　3万円です。
　　　　3　5万円です。

5

問題37　1　無理に出社させました。
　　　　2　社外の人に会わせました。
　　　　3　うちへ帰らせました。

問題38　1　社会人になっても学生時代の友だちは大切だということです。
　　　　2　休みの日は仕事の疲れをとることを第一に過ごしたほうがいいということです。
　　　　3　上司に怒られないよう、風邪をひいたら会社を休まなければならないということです。

おわり

実用日本語検定

TEST OF PRACTICAL JAPANESE

J.TEST

受験番号		氏　名	

注　意

試験が始まるまで、この問題用紙を開けないでください。

日本語検定協会／J.TEST事務局

J.TEST

実用日本語検定

読解試験

1　文法・語彙問題

A　次の文の（　　　　）に１・２・３・４の中から一番いい言葉を入れてください。

（１）　昨日から部長（　　　）課長も、かぜで休んでいます。
　　　　　　１　は　　　　　　２　を　　　　　　３　に　　　　　４　も

（２）　この会社のしょくどうは（　　　）し、おいしいです。
　　　　　　１　きれいに　　　２　きれい　　　　３　きれいな　　　４　きれいだ

（３）　こちらのハガキは200円（　　　）ございます。
　　　　　　１　と　　　　　　２　で　　　　　　３　が　　　　　４　の

（４）　親：「まだ起きているのか！　早く（　　　）！」
　　　　　子：「はーい」
　　　　　　１　寝るな　　　　２　寝ない　　　　３　寝ろ　　　　　４　寝ます

（５）　来週の会議には、社長も（　　　）ことになっています。
　　　　　　１　参加する　　　２　参加　　　　　３　参加して　　　４　参加の

（６）　今年は去年に比べて、（　　　）暑くないです。
　　　　　　１　そう　　　　　２　ほど　　　　　３　どう　　　　　４　また

（７）　すみません、この文の意味がわかりません。（　　　）。
　　　　　　１　説明してさしあげましょうか　　　２　説明してもかまいません
　　　　　　３　説明していただけませんか　　　　４　説明してあげます

（８）　スプレー缶は、必ず（　　　）きってから捨ててください。
　　　　　　１　使い　　　　　２　使う　　　　　３　使って　　　　４　使った

（9）　プレゼンがうまくいく（　　　）は、自分の努力次第です。

　　　1　こそ　　　　　　2　とみえて　　　3　さいに　　　　4　かどうか

（10）（会社で）

　　　A：「うちの会社は、いい結果を（　　　）給料があがるのがいいところだよね」

　　　B：「うん。でも、結果が出ないと焦っちゃうな」

　　　1　出すばかりか　　　　　　　　　2　出せば出すほど

　　　3　出すわりに　　　　　　　　　　4　出すというより

B　次の文の（　　　）に1・2・3・4の中から一番いい言葉を入れてください。

(11)　階段は疲れますから、（　　　）で行きましょう。
　　　1　カレンダー　　　　　　　　　2　エスカレーター
　　　3　テーブル　　　　　　　　　　4　ニュース

(12)　わたしの父は（　　　）があって、おもしろい人です。
　　　1　マラソン　　　2　デザイン　　　3　チケット　　　4　ユーモア

(13)　のどが（　　　）、せきも出ます。
　　　1　うまくて　　　2　あって　　　3　わるくて　　　4　いたくて

(14)　お皿を落としたら、（　　　）しまいました。
　　　1　おれて　　　2　やぶれて　　　3　われて　　　4　すべって

(15)　あ、もう1時。（　　　）会議が始まりますね。
　　　1　ずいぶん　　　2　けっして　　　3　そろそろ　　　4　なかなか

(16)　地震のときは、（　　　）なところに逃げましょう。
　　　1　あんぜん　　　2　さかん　　　3　ふくざつ　　　4　ざんねん

(17)　このあたり、（　　　）においがしますね。
　　　1　かたい　　　2　ふかい　　　3　さむい　　　4　ひどい

(18)　新しい方法を（　　　）から、作業スピードが上がりました。
　　　1　取り付けて　　　2　取り入れて　　　3　取り替えて　　　4　取り消して

(19)　作成したデータは、必ずこのファイルに（　　　）してください。
　　　1　ほぞん　　　2　せんでん　　　3　しんさつ　　　4　かつどう

(20)　A：「この資料、ちょっと見てもいいですか」
　　　B：「いいですけど、（　　　）にしないでくださいね。番号順に並べてあるので」
　　　1　ぺらぺら　　　2　ぴかぴか　　　3　ぱらぱら　　　4　ばらばら

C　次の文の_____の意味に一番近いものを１・２・３・４の中から選んでください。

(21)　この店のカレーは、大変おいしいです。
　　　1　ひじょうに　　　2　たいてい　　　　3　さいしょは　　　4　たしか

(22)　この肉は大きくて、食べにくいです。
　　　1　食べるのが難しいです　　　　　　　2　絶対に食べられません
　　　3　食べたくないです　　　　　　　　　4　食べる人はいません

(23)　しばらくですね。
　　　1　いってきます　　　　　　　　　　　2　ひさしぶりです
　　　3　おまちください　　　　　　　　　　4　まだまだです

(24)　7時間仕事をしつづけています。
　　　1　仕事をするつもりです　　　　　　　2　休まずに仕事をしています
　　　3　仕事を頑張ります　　　　　　　　　4　仕事をしなければなりません

(25)　すみません。コーヒー、もういっぱいください。
　　　1　かえて　　　　　2　わかして　　　3　おかわり　　　　4　かたづけて

(26)　B社の社長をごぞんじですか。
　　　1　まっていますか　　　　　　　　　　2　おもいだしましたか
　　　3　みつけましたか　　　　　　　　　　4　しっていますか

(27)　あの会社は、車を作るぎじゅつがたかいです。
　　　1　のにお金をたくさん使います　　　　2　工場が大きいです
　　　3　のがじょうずです　　　　　　　　　4　のをやめました

(28)　舞台のちゅうおうで踊っているのが、わたしの子どもです。
　　　1　まんなか　　　2　てまえ　　　　3　おく　　　　　　4　すみ

(29)　会議で配る資料には、よく調べてせいかくな情報を載せてください。
　　　1　おもしろい　　　　　　　　　　　　2　くだらない
　　　3　まちがいのない　　　　　　　　　　4　あいまいな

(30)　部長の悪い噂は、わたしもみみにしたことがあります。
　　　1　ながした　　　　2　きいた　　　3　たてた　　　　4　ひろめた

2 読解問題

問題 1

次のメールを読んで、問題に答えてください。
答えは1・2・3・4の中から一番いいものを1つ選んでください。

これは、けんたさんとシムさんのメールです。

（けんたさんが書いたメール）

> シムさん、今どこにいますか。9時にセンタービルの入り口で待ち合わせでしたが…。

（シムさんが書いたメール）

> けんたさんも、センタービルの入り口にいるんですか。わたしもいるんですが、もしかしたら、入り口がいくつかあるかもしれませんね。

> 案内があるので、ちょっと見てみますね。暑かったら中に入っていてください。

> ありがとうございます。中のベンチに座っています。ベンチの近くの自動販売機でお茶とコーヒーを買ったので、あとで飲みましょうね。

> 入り口が2つありました。今からシムさんがいるほうの入り口に向かいます。それと、わたしもさっきお茶とコーヒーを買ってしまいましたよ！

(31) けんたさんについて、メールの内容と合っているのは、どれですか。

　　1　シムさんとの待ち合わせに遅れました。

　　2　これからシムさんのところに向かいます。

　　3　シムさんにビルを案内します。

　　4　ベンチでシムさんを待ちます。

(32) メールの内容と合っているのは、どれですか。

　　1　センタービルは、近くにもうひとつあります。

　　2　センタービルには、自動販売機がありません。

　　3　二人は、同じものを買っていました。

　　4　二人は、入り口が２つあると知っていました。

問題　2

次の文章を読んで問題に答えてください。
答えは１・２・３・４の中から一番いいものを１つ選んでください。

　わたしは、ななさんにスペイン語を教えています。ななさんは、日本人の大学生です。かわりにななさんは、わたしに日本語を教えてくれます。はじめの１時間は、スペイン語で、次の１時間は、日本語でいろいろなことを話します。ななさんは、大学でもスペイン語を勉強しているので、もちろん彼女のスペイン語のほうが、わたしの日本語よりじょうずです。ですからスペイン語で話すときは、せいじ、経済、流行の話などもしますが、日本語ではもっとかんたんな会話になってしまいます。でも、とてもいい勉強になります。もうすぐわたしは、スペインにかえらなければなりません。スペインにかえってからは、インターネット電話を使って、ななさんとの勉強を続けたいです。

---

(33)　わたし（＝筆者）について、文章の内容と合っているのは、どれですか。
　　　1　スペインで日本語を教えています。
　　　2　日本語で経済の話ができません。
　　　3　今、ななさんとインターネットで勉強しています。
　　　4　今、ななさんとスペインにいます。

(34)　二人の勉強について、文章の内容と合っているのは、どれですか。
　　　1　「わたし」が日本語で話して、ななさんがスペイン語で話します。
　　　2　「わたし」がスペイン語で話して、ななさんが日本語で話します。
　　　3　スペイン語で話す日と日本語で話す日を決めて練習します。
　　　4　スペイン語で話す時間と日本語で話す時間を決めて練習します。

問題　3

次の文章を読んで、問題に答えてください。
答えは1・2・3・4の中から一番いいものを1つ選んでください。

4人に「趣味」について聞きました。

Aさん	Bさん
映画を見るのがすきですから、よく映画館へ行きます。毎週金曜日はうちで映画を見ます。映画の音楽を聞くのも大すきです。	趣味はスポーツです。はしったり泳いだりするのがとてもすきです。毎日1時間泳いでから、30分はしっています。
Cさん	Dさん
わたしは、よく料理をします。おいしい料理をつくりたいです。音楽もすきですから、いつも音楽を聞きながら料理をしています。	歌を歌うのが趣味です。歌手になりたいですから、毎日歌の先生と、たくさん練習しています。

---

(35)　音楽を聞くのがすきな人は、だれですか。
  1　Aさんだけです。
  2　Dさんだけです。
  3　AさんとCさんです。
  4　CさんとDさんです。

(36)　文章の内容と合っているのは、どれですか。
  1　Aさんは毎週金曜日に映画館へ行きます。
  2　Bさんは毎日1時間泳いでいます。
  3　Cさんは料理をするとき歌を歌います。
  4　Dさんは音楽の先生になりたいです。

問題 4

次の文書を読んで、問題に答えてください。
答えは1・2・3・4の中から一番いいものを1つ選んでください。

社員のみなさん

お願い

　最近、近くで小さな火事がよく起こっています。みなさん、以下のことに注意してください。

1　たばこについて
　たばこは、2階のベランダで吸ってください。それ以外のばしょは禁煙です。たばこを吸ったあとのごみは、自分で持ちかえってください。ベランダに灰皿はありません。

2　ごみについて
　燃えやすい雑誌や新聞などのごみを、ベランダに置いたままにしないでください。必ず会社の名前を書いて、地下のごみ置きばに捨ててください。

3　掃除について
　当番の人は、コンセントの周りを、よく掃除してください。濡れたタオルは使わないでください。危険です。

　　　　　　　　　　　　　　　　　　　　　　　　　　　　以上

(37) たばこについて、文書の内容と合っているのは、どれですか。
　　1　当番の人が、ごみを持ちかえります。
　　2　地下2階で吸うことができます。
　　3　ごみは、置いておくことができません。
　　4　ベランダは、禁煙です。

(38) 文書の内容と合っているのは、どれですか。
　　1　コンセント周りを掃除するときは、乾いたタオルを使ったほうがいいです。
　　2　この会社では、よく小さな火事が起こっています。
　　3　雑誌や新聞などは、ベランダに置いておきます。
　　4　ごみには、自分の名前を書きます。

問題　5

次のメールを読んで問題に答えてください。
答えは１・２・３・４の中から一番いいものを１つ選んでください。

＜中山チーフから酒田さんへ送ったメール＞

酒田さん

おはようございます。

先月タイの大島さんのところへ船便で送った荷物

について、何か連絡はありましたか。

もしまだ荷物が届いていないなら、

航空便ですぐに送らなければなりません。

中山

＜酒田さんから中山チーフへ送ったメール＞

中山チーフ

おはようございます。

まだ何も連絡がきていないので、

これから確認します。

大島さんから返事があったら、

すぐにお伝えします。

酒田

酒田さん

わたしはこれから会議なので、松本さんに伝えてく

ださい。

返事を待っている間に、航空便の準備もしておい

てくださいね。

よろしくお願いします。

中山

(39) 酒田さんは、このあとまず何をしますか。
　　　1　航空便の準備をします。
　　　2　タイへ出張します。
　　　3　大島さんに連絡します。
　　　4　もう一度船便で荷物を送ります。

(40) メールの内容と合っているのはどれですか。
　　　1　中山チーフは、荷物が届いたか届いていないか、わかりません。
　　　2　中山チーフが航空便の準備をします。
　　　3　松本さんと中山チーフは、これから会議があります。
　　　4　松本さんは、酒田さんに連絡します。

問題 6

次の文章を読んで問題に答えてください。
答えは１・２・３・４の中から一番いいものを１つ選んでください。

世界で初めて目が見えない男性が^(*1)ヨットで^(*2)太平洋を渡る

　目が見えない男性が友達と２人でヨットにのって、アメリカから日本まで１万4000kmの海を渡りました。目が見えない人がヨットを動かして太平洋を渡ったのは世界で初めてです。

　この男性は52歳の岩本光弘さんで、熊本県で生まれて今アメリカに住んでいます。生まれたときから^(*3)目に障害があって、高校生のときに何も見えなくなりました。

　岩本さんは、２月24日に長さ12mのヨットにのって、アメリカのサンディエゴの港を（　Ａ　）しました。目が見えるアメリカ人のダグラス・スミスさんが一緒にのって、岩本さんを手伝いました。そして、どの港にも寄らないで55日目に福島県いわき市の小名浜港に着きました。

　小名浜港では大勢の人がヨットをむかえました。岩本さんは「天気が悪くてつらいときもありましたが、あきらめないで頑張りました」と話していました。

（＊１）　ヨット…風の力で動く船
（＊２）　太平洋…日本とアメリカの間にある、世界で一番広い海
（＊３）　目に障害があって…ここでは、「目が悪くて」

（NHK NEWS WEB
https://www3.nhk.or.jp/news/easy/k10011890361000/k10011890361000.html
2019 年 4 月 22 日取得より一部改）

(41)　（＿＿Ａ＿＿）に入る言葉はどれですか。

1　通勤

2　お祝い

3　出発

4　貿易

(42)　岩本さんについて、文章の内容と合っているものは、どれですか。

1　生まれたときから、全く目が見えませんでした。

2　どの港にもとまることなく、太平洋を渡りました。

3　海を渡っている間、いつもつらかったです。

4　世界で初めてヨットで太平洋を渡りました。

問題　7

次のお知らせを読んで、問題に答えてください。
答えは1・2・3・4の中から一番いいものを1つ選んでください。

<社員各位>

ウェルカムパーティーのお知らせ

今年も新入社員が入社する季節になりました。

今年は7名が入社します。4月1日が入社式で、その後研修をします。

研修中の4月10日にウェルカムパーティーを開きたいと思います。

是非ご参加ください。

日時：4月10日（金）18時～

場所：居酒屋「たろう」（会社のとなりの店です）

※営業部で1人、企画部で1人、パーティーの担当者を決めてください。
　総務部の担当者は佐藤です。

※担当者は、4月3日（金）17時から第一会議室で打ち合わせをします。
　それまでに、各部の参加人数をまとめておいてください。部のみなさんは、
　参加するかしないか、それまでに担当者に伝えてください。

　　　　　　　　　　　　　　　　　　　　　　　　　　総務部　佐藤

---

(43) このお知らせを見た社員は、まず何をしますか。
　　　1　居酒屋に電話します。
　　　2　部内でパーティーの担当者を決めます。
　　　3　打ち合わせに参加します。
　　　4　研修の担当者に連絡します。

(44) お知らせの内容と合っているのは、どれですか。
　　　1　パーティーに参加する人は、全員打ち合わせに参加します。
　　　2　新入社員研修は、4月10日から始まります。
　　　3　パーティーの担当者は、全部で3人です。
　　　4　打ち合わせは、会社のとなりの店で行われます。

問題　8

次のお知らせを読んで、問題に答えてください。
答えは１・２・３・４の中から一番いいものを１つ選んでください。

ミツボシカード会員の皆様へ

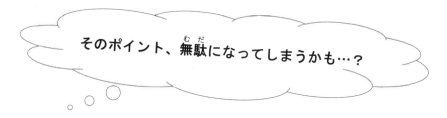

そのポイント、無駄になってしまうかも…?

お客様のミツボシカードをお確かめください。
ポイントの有効期限は、最初にポイントがついた日から <u>２年間</u>です。

> ミツボシカードポイントは、1000 ポイントごとに 1000 円分の
> しょうひん券と交換いただけます。しょうひん券は全国のミツ
> ボシデパートでのお買い物にご利用いただけます。

■ポイントの確認方法■

・ミツボシデパート店内にあるポイント発行機で確認する
・Ｗｅｂミツボシカード会員専用ページで確認する

---

(45)　このお知らせの目的は何ですか。
　　　1　客にポイントカードの入会をすすめることです。
　　　2　客に特別セールの日程を知らせることです。
　　　3　会員にポイントの有効期限を知らせることです。
　　　4　会員にポイント発行機のばしょを知らせることです。

(46)　お知らせの内容と合っているのは、どれですか。
　　　1　有効期限を過ぎても、会員専用ページでしょうひんと交換できます。
　　　2　会員になれば、全員が 1000 円分のしょうひん券がもらえます。
　　　3　ポイントの確認は、ミツボシデパートに行かないとできません。
　　　4　ポイントと交換したしょうひん券は、ミツボシデパートだけで使えます。

3 漢字問題

A 次のひらがなの漢字をそれぞれ1・2・3・4の中から1つ選んでください。

(47) 次の<u>えき</u>で降りますよ。
    1 堂   2 場   3 乗   4 駅

(48) この<u>もり</u>は、来年にはなくなるそうです。
    1 林   2 森   3 虫   4 鳥

(49) 桑田さん、先週貸した本、<u>かえして</u>くださいよ。
    1 返して   2 帰して   3 外して   4 映して

(50) <u>おしょうがつ</u>は、国へかえります。
    1 正月   2 小月   3 少月   4 止月

(51) 新しい仕事は、<u>たのしい</u>です。
    1 薬しい   2 楽しい   3 好しい   4 心しい

(52) このプールは、<u>しみん</u>なら無料で使えます。
    1 死民   2 町民   3 区民   4 市民

(53) 300円じゃ<u>たり</u>ないですよ。
    1 兄り   2 足り   3 多り   4 代り

(54) <u>ねむくて</u>仕事どころじゃありません。
    1 痛くて   2 苦くて   3 汚くて   4 眠くて

(55) <u>ごしょくぎょう</u>は、何ですか。
    1 職業   2 商業   3 授業   4 農業

(56) 部長のお子さん、病気が<u>なおった</u>みたいですよ。
    1 追った   2 守った   3 直った   4 治った

B　次の漢字の読み方を例のようにひらがなで書いてください。

・ひらがなは、きれいに書いてください。
・漢字の読み方だけ書いてください。

（例）　はやく書いてください。　〔 | （例） | か |

(57)　池の掃除をします。

(58)　走ってきたから暑いです。

(59)　このメール、もっと短くなりませんか。

(60)　雪で会社が休みになりました。

(61)　会議室のドアは、必ず閉めてください。

(62)　その着物、とてもきれいですね。

(63)　留学中に、アメリカの政治を勉強しました。

(64)　新しいメンバーを迎える準備はできています。

(65)　その仕事が済んだら、次はこちらをお願いします。

(66)　あの会社は、労働条件がとてもいいです。

4　記述問題

A　例のように＿＿＿＿＿に合う言葉を入れて文を作ってください。

・漢字は、今の日本の漢字を書いてください。

（例）　きのう、＿＿＿＿＿＿でパンを＿＿＿＿＿＿。
　　　　　　　　　　　　（A）　　　　　　　　　　　（B）

（例）	（A）	スーパー	（B）	買いました

---

(67)
山田：北村さん、＿＿＿＿＿＿はお元気ですか。
　　　　　　　　　　　　（A）

北村：ええ。妻は今、外国へ＿＿＿＿＿＿います。
　　　　　　　　　　　　　　　（B）

(68)
A：お昼ごはん、食べに行きませんか。
B：すみません。
　　今日は会社へ＿＿＿＿＿＿前に、コンビニでおにぎりを＿＿＿＿＿＿来たんです。
　　　　　　　　（A）　　　　　　　　　　　　　　　　　　（B）

(69)
暑いですから、お客様用の＿＿＿＿＿＿は、冷蔵庫に＿＿＿＿＿＿あります。
　　　　　　　　　　　　　（A）　　　　　　　　（B）

(70)
A：結婚おめでとう。先月の結婚式、都合をつけて＿＿＿＿＿＿んだけど、ごめんね。
　　　　　　　　　　　　　　　　　　　　　　　　（A）

B：いいえ、気にしないでください。仕事だったなら、仕方が＿＿＿＿＿＿から。
　　　　　　　　　　　　　　　　　　　　　　　　　　　　　（B）

- 103 -

B　例のように３つの言葉を全部使って、会話や文章に合う文を作ってください。

・【　　　】の中の文だけ書いてください。
・1.→2.→3.の順に言葉を使ってください。
・言葉の　　の部分は、形を変えてもいいです。
・文は、1つか2つです。3つ以上は、だめです。
・漢字は、今の日本の漢字を書いてください。

（例）

きのう、【　1.　どこ　　→　2.　パン　　→　3.　買う　】か。

┌─┐
（例）　　　　　　　どこでパンを買いました
└─┘

(71)

わたしの【　1.　おじ　　→　2.　有名　　→　3.　医者　】です。

(72)

きのう、【　1.　お酒　　→　2.　飲む　　→　3.　すぎる　】、
頭がいたいです。

(73)

A：あしたは、スーツで行かなければなりませんか。

B：いいえ、【　1.　スーツ　　→　2.　着る　　→　3.　いい　】ですよ。

(74)　（会社で）

田中：伊藤さん、さっき社長にほめられてたよ。

鈴木：えー！

　　　社長、【　1.　めったに　　→　2.　人　　→　3.　ほめる　】のに。

J.TEST

実用日本語検定

ちょう かい し けん
聴 解 試 験

1 写真問題 (問題1～6)

例題

| れい | ● | ② | ③ | ④ | （答えは解答用紙にマークしてください） |

A　問題1

B　問題2

C　問題3

D　問題4

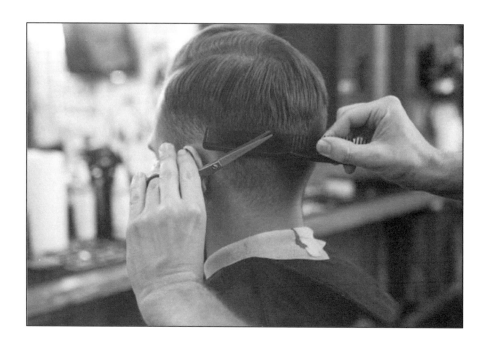

E　問題5

F 　問題6

2 聴読解問題 (問題7〜12)

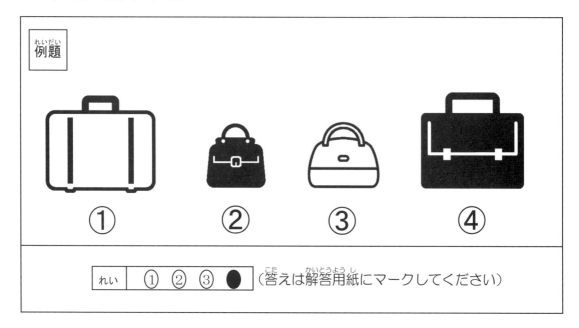

例題

① ② ③ ④

れい　① ② ③ ●　（答えは解答用紙にマークしてください）

G　問題7

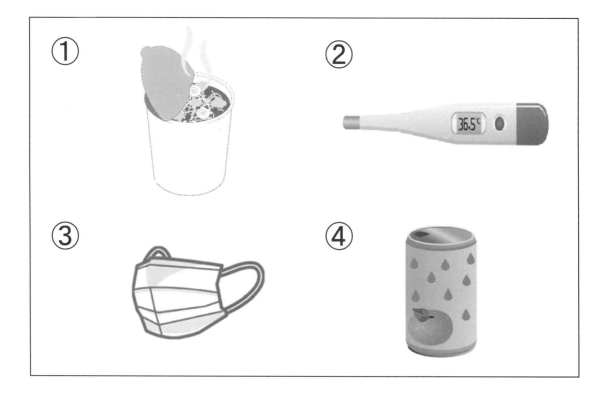

① ② ③ ④

月	火	水	木	金	土	日
		きょう		①	②	③
④						

① ② ③ ④

J 　問題10

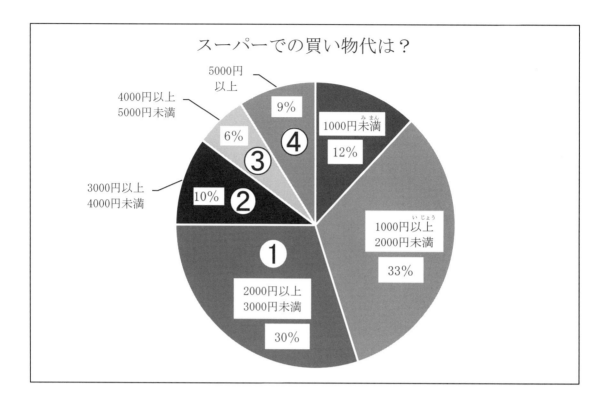

K 　問題11

① 785万人

② 748万人

③ 322万人

④ 286万人

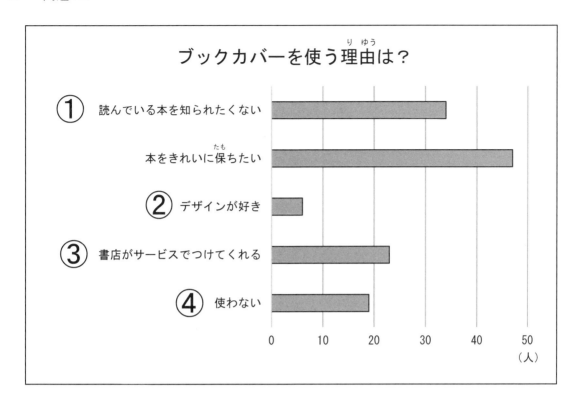

ブックカバーを使う理由は？

① 読んでいる本を知られたくない
本をきれいに保ちたい
② デザインが好き
③ 書店がサービスでつけてくれる
④ 使わない

0　10　20　30　40　50
（人）

3 応答問題

（問題だけ聞いて答えてください。）

例題1	→	れい1	●	②	③
例題2	→	れい2	①	●	③

（答えは解答用紙にマークしてください）

問題13

問題14

問題15

問題16

問題17

問題18

問題19

問題20

問題21

問題22

問題23

問題24

問題25

問題26

問題27

問題28

メモ（MEMO）

4 会話・説明問題

例題
1 耳がいたいですから
2 頭がいたいですから
3 歯がいたいですから

れい ① ● ③ （答えは解答用紙にマークしてください）

1

問題29 1 FAXを送ります。
2 メールを送ります。
3 資料を作ります。

問題30 1 会社です。
2 会社の外です。
3 家です。

2

問題31 1 平日の午前中、毎日です。
2 土曜日と日曜日だけです。
3 平日3日間と、土曜日と日曜日です。

問題32 1 留学生が1週間に働ける時間を知りませんでした。
2 女の人の日本語があまりじょうずじゃないと思っています。
3 女の人に来週から働いてもらうことにしました。

3

問題33　1　美術館の入り口に行きます。

　　　　2　喫茶店に入ります。

　　　　3　本屋に行きます。

問題34　1　約束の時間に遅れます。

　　　　2　女の人が来るまで待ちます。

　　　　3　あとで女の人に電話します。

4

問題35　1　さかまち社の藤田様に電話します。

　　　　2　男の人にハンカチを持ってきます。

　　　　3　男の人のかわりに藤田様に会います。

問題36　1　男の人は、女の人に傘を借りました。

　　　　2　女の人は、男の人への伝言を預かりました。

　　　　3　男の人は、外出先で傘を忘れました。

5

問題37　1　ロビーが広く、座れるばしょがおおいことです。

　　　　2　えきから行きやすいことです。

　　　　3　案内がわかりやすいことです。

問題38　1　駐車場が狭いことです。

　　　　2　待たされる時間が長いことです。

　　　　3　オンラインで書類がもらえないことです。

おわり

実用日本語検定

TEST OF PRACTICAL JAPANESE

J.TEST

じゅけんばんごう 受験番号		氏　名	

注　意

試験が始まるまで、この問題用紙を開けないでください。

日本語検定協会／J.TEST事務局

J.TEST

実用日本語検定

読解試験

1 文法・語彙問題

A 次の文の（　　　）に1・2・3・4の中から一番いい言葉を入れてください。

（1） コピー用紙を、1,000枚（　　　）無駄にしてしまいました。
　　　 1　へ　　　　　　2　に　　　　　　3　も　　　　　　4　の

（2） 母は、国でエンジニアを（　　　）。
　　　 1　しています　 2　働いています 3　なります　　 4　働きます

（3） ここから海（　　　）見えますよ。
　　　 1　が　　　　　　2　と　　　　　　3　を　　　　　　4　で

（4） 神谷　：「その服、マリアさん（　　　）素敵ですね」
　　　 マリア：「ありがとう」
　　　 1　らしくて　　 2　みたいで　　 3　のようで　　 4　そうで

（5） この荷物の（　　　）を測ってください。
　　　 1　重い　　　　 2　重さ　　　　 3　重　　　　　 4　重く

（6） A社とB社のデザインには、（　　　）点がいくつかあります。
　　　 1　似ます　　　 2　似よう　　　 3　似ている　　 4　似る

（7） ここへ引っ越してきて、1か月（　　　）なります。
　　　 1　が　　　　　　2　も　　　　　　3　に　　　　　　4　で

（8） 午前中の（　　　）、会議の資料をつくっておきます。
　　　 1　うちに　　　 2　わりに　　　 3　とおりに　　 4　とたんに

（9） 課長の指導の（　　　）、初めて自分で商品を売ることができました。
　　　 1　おかげと　　 2　おかげで　　 3　おかげに　　 4　おかげの

(10)　（会社で）

　　　A：「そんなに慌てて、どうしたんですか」

　　　B：「レポートを（　　　　）、パソコンの画面がいきなり消えてしまって…」

　　　1　書きかけだったのに　　　　　　2　書ききったから

　　　3　書きがちなので　　　　　　　　4　書いた反面

B　次の文の（　　　）に１・２・３・４の中から一番いい言葉を入れてください。

(11)　たばこを吸いたいのに、（　　　）を忘れました。
　　　1　アナウンサー　　　　　　　　　2　オートバイ
　　　3　カラオケ　　　　　　　　　　　4　ライター

(12)　駅までの道を（　　　）。
　　　1　尋ねます　　　2　会話します　　　3　決まります　　　4　けんかします

(13)　（　　　）に、布団を片づけてください。
　　　1　おふろ　　　2　本棚　　　3　押し入れ　　　4　たたみ

(14)　（　　　）サイズの袋に入れましょう。
　　　1　優しい　　　2　めずらしい　　　3　適当な　　　4　太った

(15)　バスの（　　　）を、確認しておいてくださいね。
　　　1　時刻表　　　2　文化　　　3　飛行じょう　　　4　家賃

(16)　お体、大丈夫ですか。（　　　）しないでください。
　　　1　忘れ物　　　2　無理　　　3　どろぼう　　　4　翻訳

(17)　そんなことで（　　　）しないでください。
　　　1　政治　　　2　体重　　　3　貿易　　　4　競争

(18)　音楽を（　　　）ながら仕事をすると、リラックスできます。
　　　1　こがし　　　2　さばき　　　3　かけ　　　4　はめ

(19)　お手洗いは、（　　　）を右に曲がったところです。
　　　1　ななめ　　　2　つきあたり　　　3　谷　　　4　地方

(20)　A：「彼は部長になってから、（　　　）楽しそうに働いていますね」
　　　B：「ええ、そうですね」
　　　1　ひそひそ　　　2　ごくごく　　　3　いらいら　　　4　ますます

C 次の文の＿＿＿の意味に一番近いものを1・2・3・4の中から選んでください。

(21) かのじょと国へ帰ります。
 1 むすこ　　　　2 そふ　　　　3 おっと　　　　4 こいびと

(22) こうちゃにミルクを入れますか。
 1 こおり　　　　2 ぎゅうにゅう　3 さとう　　　　4 レモン

(23) 来月、てんきんすることになりました。
 1 働く場所が変わります　　　　2 仕事をやめます
 3 学校が変わります　　　　　　4 学校をやめます

(24) イベントは、ちゅうしです。
 1 行われません　　　　　　　　2 もうすぐ終わります
 3 まだつづいています　　　　　4 明日になりました

(25) 今日は、すいていますね。
 1 人がいません　　　　　　　　2 人が多いです
 3 子どもがいます　　　　　　　4 人が少ないです

(26) 新しい工場をけんがくしました。
 1 建てました　　　　　　　　　2 気に入りました
 3 選びました　　　　　　　　　4 見に行きました

(27) どうぞこちらにおかけください。
 1 座ってください　　　　　　　2 書いてください
 3 立ってください　　　　　　　4 置いてください

(28) 彼は、ピアノのコンクールで金賞をもらったらしいです。
 1 能力　　　　2 お祭り　　　　3 実験　　　　4 大会

(29) お金をかせいで、家族に送ります。
 1 得て　　　　2 回収して　　　3 節約して　　　4 数えて

(30) 配達に伺ったんですが、るすでした。
 1 家を間違えました　　　　　　2 家がありませんでした
 3 家にだれもいませんでした　　4 家の人に断られました

2 読解問題

問題　1

次のメールを読んで、問題に答えてください。
答えは1・2・3・4の中から一番いいものを1つ選んでください。

＜北野さんからザラさんへ送ったメール＞

大学のクラス会、今度の土曜日ですね。
一緒に行こうと言っていましたが、
わたしは行けなくなるかもしれません。ごめんなさい。

＜ザラさんから北野さんへ送ったメール＞

そうなんですか。どうしたんですか。

最近、仕事が忙しくて…。
土曜日も会社に行かなければならないことがあるんですが、
それがわかるのが前日なんです。

それは大変ですね。では、金曜日にメールをください。
楽しみにしていたので会えなかったら残念ですが、仕方ないですね。
体に気をつけてください。

わかりました。ありがとうございます。
もし行けなかったら、別の日に、二人で食事に行きましょう。

(31) 北野さんについて、メールの内容と合っているのはどれですか。

1 体の調子が悪いので、クラス会は欠席します。

2 クラス会に行けるかどうか、金曜日にわかります。

3 土曜日に、ザラさんに連絡します。

4 ザラさんと食事に行く約束があります。

(32) メールの内容と合っているのは、どれですか。

1 二人は、クラス会に一緒に行くつもりでした。

2 ザラさんは今、仕事がとても忙しいです。

3 北野さんは、土曜日は毎週会社に行きます。

4 ザラさんは、北野さんがクラス会に行けなくなって残念です。

問題　2

次の文章を読んで問題に答えてください。
答えは1・2・3・4の中から一番いいものを1つ選んでください。

　もうすぐわたしの母の誕生日です。今年で 55歳になります。わたしが国にいるときは、家族みんなでよくケーキをつくっていました。今年は仕事で日本に来ているので、一緒にお祝いできません。ですから、母にプレゼントを送ろうと思います。今、わたしの国はとても寒いですから、暖かい服と帽子にしようと思います。今からデパートに、探しに行きます。今週分の自分の食料品も買うので車で行きたいのですが、近所のデパートには、駐車場がありません。だから同じアパートに住んでいる友だちのカインさんを呼びに行って、手伝ってもらいます。

---

(33)　わたし（＝筆者）は、このあとまず何をしますか。
1　車に乗ります。
2　友だちの部屋へ行きます。
3　デパートに行きます。
4　ケーキをつくります。

(34)　わたし（＝筆者）について、文章の内容と合っているのは、どれですか。
1　カインさんと二人で住んでいます。
2　ケーキ屋で働いています。
3　デパートで、食料品を買うことにしました。
4　自分の服と帽子を買うつもりです。

問題　3

次の文章を読んで、問題に答えてください。
答えは１・２・３・４の中から一番いいものを１つ選んでください。

4人に、「音楽」について聞きました。

Ａさん	Ｂさん
わたしは、子どものとき、クラシックピアノを習っていました。でも好きじゃありませんでした。今はもう練習していません。でも、音楽は好きですから、ときどき弾きながら歌います。	わたしは、趣味がありませんでした。友だちにピアノ教室にさそわれて、一緒に通いはじめました。クラシックを弾いていますが、とても楽しいです。
Ｃさん	Ｄさん
わたしは、いろいろな楽器が弾けます。最初にやったのはギターです。それから、ピアノ、ドラムを練習しました。どの楽器も一人で、本を見て練習しました。	わたしは、歌手になりたいです。週に３回、歌の練習をしています。歌の先生は、ピアノも上手なので、ピアノも教えてもらっています。弾きながら歌えるようになりました。

---

(35)　ピアノを習っているのは、だれですか。
　　　1　Ａさんです。
　　　2　ＡさんとＤさんです。
　　　3　ＢさんとＤさんです。
　　　4　Ｄさんです。

(36)　文章の内容と合っているのは、どれですか。
　　　1　Ｂさんは、友だちをさそってピアノ教室に通いはじめました。
　　　2　Ｃさんは、練習しなくてもギターが弾けました。
　　　3　全員ピアノが弾けます。
　　　4　音楽がきらいな人がいます。

問題　4

次のお知らせを読んで、問題に答えてください。
答えは1・2・3・4の中から一番いいものを1つ選んでください。

もみじ寮のルール

　この寮で生活する社員は、以下のルールを守ってください。守れない場合は、すぐに寮を出なければなりません。

1. ここは独身寮のため、結婚する場合は、別の寮に移ること。

2. たばこは1階の喫煙スペースで吸うこと。部屋は禁煙とする。

3. 食事は食堂ですること。部屋での食事は、禁止とする。

4. 洗濯機は、午前7時から午後11時までの間に使うこと。

5. ごみは、「燃える」「燃えない」に分け、決められた場所に出すこと。

6. 部屋の中でペットを飼ってはならない。

7. 寮で生活している人以外の人が部屋へ入ることは、禁止とする。

　　（ロビーなら入ってもよい）

8. 駐車場は、一人1台分使えるが、2台分以上必要な場合は、必ず知らせること。

以上

---

(37) この寮を利用できる人は、どれですか。
1 結婚していない人です。
2 夫婦で一緒に住む人です。
3 部屋でたばこを吸う人です。
4 猫を飼っている人です。

(38) お知らせの内容と合っているのは、どれですか。
1 寮内は、すべて禁煙です。
2 駐車場には、一人2台以上止めることができます。
3 寮の建物内に友だちを入れることは禁止されています。
4 ごみはどこに置いていてもいいです。

問題　5

次のメールを読んで問題に答えてください。
答えは1・2・3・4の中から一番いいものを1つ選んでください。

＜手塚さんから榎本さんへ送ったメール＞

榎本さん
お疲れ様です。
今、新製品説明会が終わったんですが、
サンプル用にもってきた製品（SK-008）が動かなくなってしまいました。
あと一社残っているんですが、榎本さんは、もう終わりましたか。
会社に戻るより近ければ、借りたいんですが…。
手塚

＜榎本さんから手塚さんへ送ったメール＞

手塚さん
お疲れ様です。
ちょうど今最後の説明会が終わったので、貸せますよ。
製品のタイプも同じなので、問題ありませんね。
わたしは、やまと市のB社から出るところですが、手塚さんは？
榎本

榎本さん
これから、さくら市のA社からやまと市のC社にむかうので、
B社まで受け取りに行きます。
10分くらいかかると思うので、待っていていただけますか。
すみませんが、よろしくお願いします。
手塚

---

(39) 手塚さんは、このあとまず何をしますか。
  1 製品のサンプルを、榎本さんに渡します。
  2 榎本さんから製品のサンプルを受け取ります。
  3 会社に戻って、製品のサンプルをもってきます。
  4 C社に行って説明会をします。

(40) メールの内容と合っているのは、どれですか。
  1 手塚さんは、今やまと市にいます。
  2 榎本さんは、まだ説明会が残っています。
  3 二人は、一緒に説明会をしました。
  4 二人は、同じ製品の説明会をしています。

問題　6

次の文章を読んで問題に答えてください。
答えは１・２・３・４の中から一番いいものを１つ選んでください。

　日本は、横断歩道や信号が多いです。日本の信号は、赤のときは止まって、青になったら行きます。日本人は信号をとてもよく守ります。昨日、わたしが横断歩道を渡ろうとしたら、信号が赤になりました。その道はあまり広くなくて、車も来ませんでした。わたしは、<u>そのとき</u>、走って渡ろうと思いました。でも、他の人たちは待っていたので、やめました。その後も、車は１台も来ませんでしたが、誰も横断歩道を渡りませんでした。青になってから、ようやくみんな渡りました。わたしの国には、横断歩道や信号があまりありません。信号が赤のときでも、みんな気にしません。車が来なければ渡ります。危ないときもよくあります。だから、日本に来て、とてもびっくりしました。

---

(41)　下線部「そのとき」とは、どんなときですか。
　　1　信号が赤で、車が来ないときです。
　　2　信号が赤で、車が来たときです。
　　3　信号が青で、車が来ないときです。
　　4　信号が青で、車が来たときです。

(42)　文章の内容と合っているのは、どれですか。
　　1　わたし（＝筆者）は、横断歩道を走って渡りました。
　　2　昨日、わたし（＝筆者）は、車に乗って信号を待っていました。
　　3　わたし（＝筆者）の国のほうが、日本より横断歩道が少ないです。
　　4　昨日、信号が青になってから車が来て、危なかったです。

問題 7

次の文書を読んで、問題に答えてください。
答えは1・2・3・4の中から一番いいものを1つ選んでください。

遅刻・早退届

総務部長殿

2019 年 11 月 12 日

所属	営業第二課	氏名	岡本真紀
遅刻	11 月　　12 日 10 時　　45 分出社 遅刻時間　45 分		
早退	月　　　　日 時　　　　分退社 早退時間　　分		
理由	大雨のため電車のダイヤが乱れました。 遅延証明書を（　__A__　）します。		

	部長	課長	係長

---

(43)　（　__A__　）に入る言葉は、どれですか。

1　送付
2　添付
3　郵送
4　複写

(44)　文書の内容と、合っているのは、どれですか。

1　岡本さんは 11 月 12 日、会社から早く帰りました。
2　悪天候で、電車が遅れました。
3　岡本さんは、総務部長です。
4　岡本さんは、今駅にいます。

問題 8

次のお知らせを読んで、問題に答えてください。
答えは１・２・３・４の中から一番いいものを１つ選んでください。

スタッフ募集中！！

アットホーム♪

① パンの製造（正社員）※配達業務あり
② パンの製造・販売（パート・アルバイト）

かわいい制服♪

資格　▲①車の免許をもっている方
　　　　☆経験者大歓迎！
　　　　☆未経験も可　パンの製造などに関して未経験から丁寧に指導します！

　　　　②パンの製造経験者
　　　　☆学生も可

給料　▲①月給180,000円〜　【未経験者の研修期間３か月は150,000円】
　　　　②時給1,050円〜

勤務日　▲①月曜日〜金曜日　※土日祝日はお休みです。
　　　　②週３日以上（シフト制）

待遇　▲制服貸し出し、社内割引制度有

勤務地　▲おひさまベーカリー

応募はこちらから！

おひさまベーカリー
TEL　0123-XXX-XXX　（10:00〜17:00）

 ホームページなら24時間募集中！

(45) 正社員に応募する場合、どんなことが必要ですか。

1　大学を卒業していることです。

2　週3日働けることです。

3　車の運転ができることです。

4　パン製造の経験です。

(46) お知らせの内容と合っているのは、どれですか。

1　制服は、自分で用意します。

2　正社員の給料は、全員同じです。

3　働いている人は、安くパンを買うことができます。

4　24時間、どんな方法で応募してもいいです。

3 漢字問題

A 次のひらがなの漢字をそれぞれ1・2・3・4の中から1つ選んでください。

(47) 来年のあき、母が日本へ来ます。
1 秋　　　　2 冬　　　　3 夏　　　　4 春

(48) えいごができないと、あの会社には入れません。
1 究語　　　2 映語　　　3 米語　　　4 英語

(49) おくじょうで、野菜を育てています。
1 屋場　　　2 屋上　　　3 地場　　　4 地上

(50) 中国語は、はつおんが難しいです。
1 声音　　　2 半音　　　3 発音　　　4 口音

(51) きれいにきってください。
1 作って　　2 写って　　3 切って　　4 光って

(52) 東京とに住んでいます。
1 都　　　　2 村　　　　3 町　　　　4 県

(53) くろい虫がついていますよ。
1 暗い　　　2 黒い　　　3 白い　　　4 茶い

(54) もう少し字をこくできませんか。
1 濃く　　　2 薄く　　　3 告く　　　4 速く

(55) 今回の講演会はまんいんで、大成功ですね。
1 職員　　　2 増員　　　3 満員　　　4 客員

(56) つづきは、明日のミーティングにしましょう。
1 向き　　　2 級き　　　3 付き　　　4 続き

B　次の漢字の読み方を例のようにひらがなで書いてください。

・ひらがなは、きれいに書いてください。
・漢字の読み方だけ書いてください。

（例）　はやく書いてください。　　　　（例）　　　　　　か

(57)　明るい色の服がいいです。

(58)　犬が好きです。

(59)　何か問題が起きたんですか。

(60)　姉はいつも優しいです。

(61)　それを持ってください。

(62)　この本は古いですが、おもしろいです。

(63)　社員の中で、彼は特に素晴らしい。

(64)　田宮さん、今月で辞めるらしいですよ。

(65)　警備を強化します。

(66)　再来週、北海道に出張します。

4 記述問題

A 例のように_____に合う言葉を入れて文をつくってください。

・漢字は、**今の日本の漢字**を書いてください。

(例)　きのう、_____でパンを_____。
　　　　　　　　　　（A）　　　　　　　　　　（B）

(例)	(A)	スーパー	(B)	買いました

---

(67)
図書館ではおかしを_____り、ジュースを_____りしてはいけません。
　　　　　　　　　　　　　（A）　　　　　　　　　　　　　（B）

(68)
町田：藤井さんは、どこに_____か。
　　　　　　　　　　　　（A）

森本：パソコンの電源が消えているので、もう_____と思います。
　　　　　　　　　　　　　　　　　　　　　　　（B）

(69)
今朝の_____によると、明日は雨が_____そうです。
　　　　　（A）　　　　　　　　　　　　　　　（B）

(70)　（会社で）
A：あれ？　コピー機から変な_____がするんですが…。
　　　　　　　　　　　　　　　　（A）

B：あ、知らないの？　今、_____いるんですよ。
　　　　　　　　　　　　　　　（B）

B　例のように３つの言葉を全部使って、会話や文章に合う文をつくってください。

・【　　　】の中の文だけ書いてください。
・1.→2.→3.の順に言葉を使ってください。
・言葉の＿＿＿の部分は、形を変えてもいいです。
・文は、1つか2つです。3つ以上は、だめです。
・漢字は、今の日本の漢字を書いてください。

（例）

　きのう、【　1．どこ　　→　　2．パン　　→　　3．買う 】か。

（例）	どこでパンを買いました

---

(71)

わたしは、【　1．学生　→　2．日本語　→　3．教える 】います。

(72)

A：暑いですね。

B：ええ、【　1．どこか　→　2．涼しい　→　3．行く 】ませんか。

(73)

A：商店街に昔からある、有名なパン屋を知っていますか。

B：いいえ。【　1．先月　→　2．引っ越す　→　3．ばかり 】ので知りません。

(74)

田中　：チョウさん、ゴルフが上手になりましたね。

チョウ：いえいえ、シンさん【　1．比べる　→　2．まだ　→　3．下手 】です。

J.TEST

実用日本語検定

聴　解　試　験

1 写真問題 (問題1～6)

例題

れい　●　②　③　④　　（答えは解答用紙にマークしてください）

A　問題1

B 問題2

C 問題3

D　問題4

E　問題5

F 問題6

2 聴読解問題 (問題7〜12)

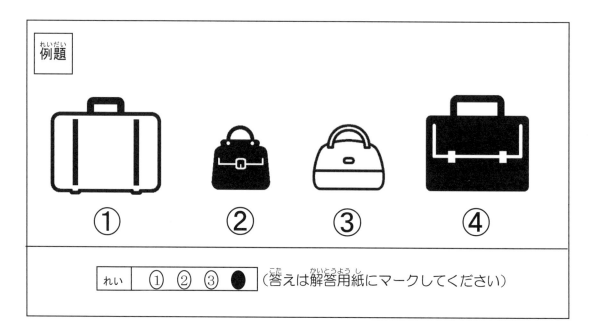

例題

① ② ③ ④

れい　① ② ③ ●　（答えは解答用紙にマークしてください）

G　問題7

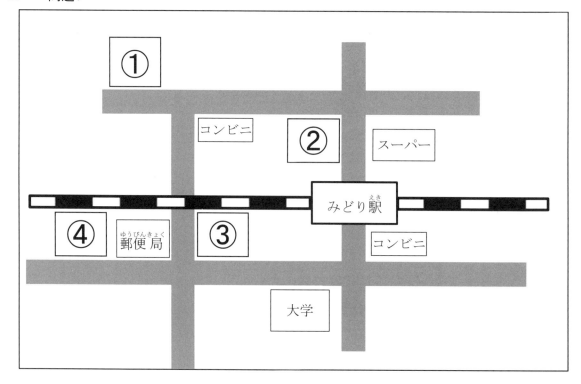

H　問題8

① 会社の食堂

② 自分の席

③ 公園

④ 店

I　問題9

日	月	火	水	木	金	土
9：00〜 ゴルフ ①	12：00〜 出張 （大阪） ②	→	9：00〜 会議 ③	10：00〜 B社へ	9：00〜 出張 （名古屋） ④	

J　問題10

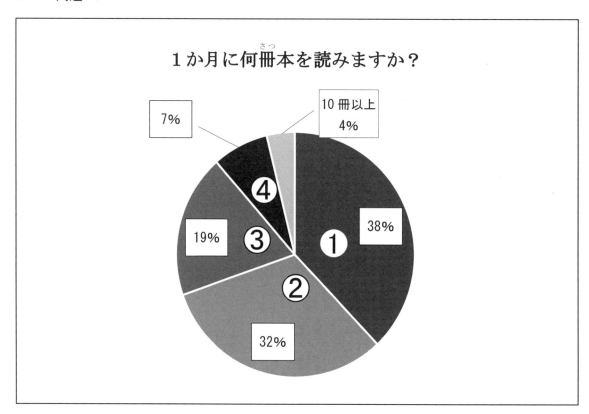

K　問題11

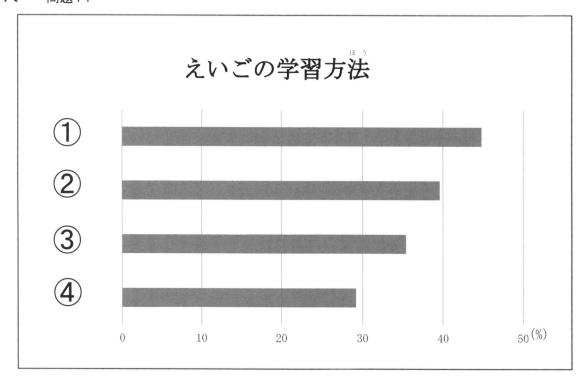

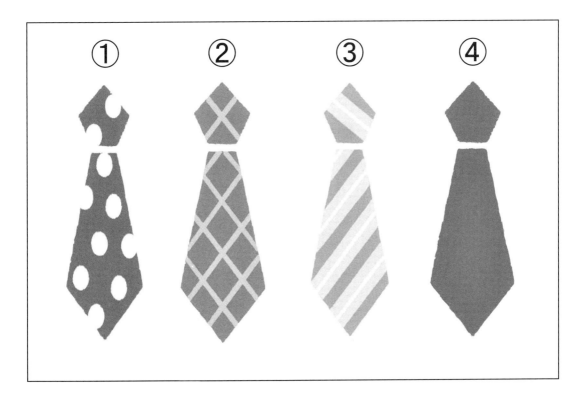

3 応答問題

（問題だけ聞いて答えてください。）

例題1	→	れい1	●	②	③
例題2	→	れい2	①	●	③

（答えは解答用紙にマークしてください）

問題13

問題14

問題15

問題16

問題17

問題18

問題19

問題20

問題21

問題22

問題23

問題24

問題25

問題26

問題27

問題28

メモ（MEMO）

4 会話・説明問題

例題
1 耳がいたいですから
2 頭がいたいですから
3 歯がいたいですから

れい ① ● ③ （答えは解答用紙にマークしてください）

1

問題29 1 銀行です。
2 レストランです。
3 区役所です。

問題30 1 禁煙席があくのを待ちます。
2 喫煙席に案内してもらいます。
3 他の店に行きます。

2

問題31 1 13件以上です。
2 13万件以上です。
3 20万件以上です。

問題32 1 まわりの景色を見ていることです。
2 人が多い場所を走ることです。
3 音楽を聴いていることです。

3

問題33　1　郵便局に住所が変わったことを伝えます。
　　　　2　東京の事務所へ行きます。
　　　　3　東京の事務所に電話します。

問題34　1　男の人の荷物を送り返しました。
　　　　2　先月引っ越しをしました。
　　　　3　荷物が遅れることを知っています。

4

問題35　1　用紙に記入します。
　　　　2　熱を測ります。
　　　　3　保険証を取りに帰ります。

問題36　1　男の人は、今日診察を受けることができません。
　　　　2　女の人は、男の人に診察代の説明をしました。
　　　　3　男の人は、けがをして病院に行きました。

5

問題37　1　注文したカタログが届かないからです。
　　　　2　カタログが2冊届いたからです。
　　　　3　注文した部品が届かないからです。

問題38　1　カタログは、男の人の会社に2冊届くかもしれません。
　　　　2　女の人は、間違ってカタログを処分しました。
　　　　3　女の人は、19日にカタログを送りました。

おわり

第1回 J.TEST実用日本語検定 （D-Eレベル）
正解とスクリプト

■ 読解・記述問題　350点

《 文法語彙問題 》 各5点（計150点）			《 読解問題 》 各5点（計80点）		《 漢字問題Ａ 》 各4点（40点）
1)　3	11)　4	21)　1	31)　2	41)　1	47)　1
2)　3	12)　3	22)　1	32)　4	42)　2	48)　1
3)　2	13)　3	23)　3	33)　3	43)　2	49)　4
4)　4	14)　1	24)　2	34)　1	44)　3	50)　4
5)　3	15)　1	25)　2	35)　1	45)　4	51)　2
6)　2	16)　2	26)　1	36)　1	46)　3	52)　2
7)　1	17)　2	27)　4	37)　4		53)　1
8)　2	18)　3	28)　2	38)　2		54)　3
9)　2	19)　1	29)　2	39)　2		55)　1
10)　2	20)　4	30)　3	40)　4		56)　2

《 漢字問題Ｂ 》各4点（40点）　*漢字問題Ａ＋Ｂ＝計80点
- 57)　あお
- 58)　けいと
- 59)　あぶら
- 60)　あつ
- 61)　みなと
- 62)　こんや
- 63)　すす
- 64)　ねこ
- 65)　つか
- 66)　るす

解答例　《 記述問題Ａ 》各5点（20点）　*(A)と(B)が両方正解で5点。部分点はありません。
- 67)（A）うまく　　　　　　（B）話す
- 68)（A）乾いて　　　　　　（B）天気
- 69)（A）何本　　　　　　　（B）買って
- 70)（A）失礼　　　　　　　（B）申します

解答例　《 記述問題Ｂ 》各5点（20点）*部分点はありません。　*記述問題Ａ＋Ｂ＝計40点

- 71)　東京に行ったこと
- 72)　帽子をかぶっている人
- 73)　隣の人に足を
- 74)　のためにお弁当を持参している

■ 聴解問題　350点

《写真問題》 各5点（計30点）	《聴読解問題》 各10点（計60点）	《 応答問題 》 各10点（計160点）		《 会話・説明問題 》 各10点（計100点）
1)　3	7)　1	13)　1	23)　3	29)　3
2)　2	8)　2	14)　3	24)　1	30)　2
3)　1	9)　2	15)　3	25)　2	31)　2
4)　4	10)　1	16)　1	26)　2	32)　2
5)　3	11)　1	17)　2	27)　3	33)　3
6)　1	12)　4	18)　1	28)　2	34)　3
		19)　2		35)　3
		20)　2		36)　1
		21)　1		37)　2
		22)　1		38)　1

| 写真問題 |

例題の写真を見てください。
例題　これは何ですか。
1　コップです。
2　いすです。
3　ノートです。
4　えんぴつです。

一番いいものは1です。ですから、例のように1を
マークします。

Aの写真を見てください。
問題1　ここはどこですか。
1　屋上です。
2　工場です。
3　講堂です。
4　床屋です。

Bの写真を見てください。
問題2　これは何ですか。
1　スマートフォンです。
2　パソコンです。
3　セロテープです。
4　ファックスです。

Cの写真を見てください。
問題3　正しい説明は、どれですか。
1　自転車を修理しています。
2　熱心に研究しています。
3　仕事を探しています。
4　お湯を沸かしています。

Dの写真を見てください。
問題4　正しい説明は、どれですか。
1　汚れた森です。
2　故障した機械です。
3　深い湖です。
4　揺れる乗り物です。

Eの写真を見てください。
問題5　何をしていますか。
1　片付けです。
2　泣いたふりです。
3　あくびです。
4　メモです。

Fの写真を見てください。
問題6　打ち合わせが終わり、相手の会社の人に挨拶
　　　　をします。こんな時、何と言いますか。
1　今後ともよろしくお願いいたします。
2　おかまいなく。
3　先ほどお目にかかりました。
4　今日はお邪魔しました。

例題を見てください。
男の人と女の人が話しています。

問題　男の人のかばんは、どれですか。
ーーーーーーーーーーーーーーーーーーーー
男：わたしのかばんは、黒くて、大きいです。
女：これですか。
男：ええ、そうです。
ーーーーーーーーーーーーーーーーーーーー
問題　男の人のかばんは、どれですか。

一番いいものは４です。ですから、例のように４を
マークします。

Gを見てください。
女の人が話しています。

問題７　女の人が書いた日記はどれですか。
ーーーーーーーーーーーーーーーーーーーー
女：先週から友だちが日本へ遊びに来てくれていて、
　　昨日国へ帰りました。一緒にお祭りに行って花火
　　を見ました。日本の花火はとてもきれいで、食べ
　　物もおいしいと喜んでくれました。私たちは花火
　　をいい場所で見ることができました。また来年も
　　一緒に日本のお祭りに行こうと約束しました。
ーーーーーーーーーーーーーーーーーーーー
問題７　女の人が書いた日記はどれですか。

Hを見てください。
女の人と男の人が話しています。

問題８　土曜日に捨てられるものは、どれですか。
ーーーーーーーーーーーーーーーーーーーー
女：おはようございます。あの、すみません。先週
　　引っ越してきたんですが、ごみはいつ、どこに出
　　したらいいですか。
男：燃えるごみは月曜日と木曜日の朝、アパートの玄
　　関の前に出してください。
女：ジュースの瓶や缶はいつですか。
男：土曜日です。それから、紙のごみは１か月に２回、
　　近くの公園で集めています。
女：わかりました。ありがとうございます。
ーーーーーーーーーーーーーーーーーーーー
問題８　土曜日に捨てられるものはどれですか。

Ｉを見てください。
男の人と女の人が話しています。

問題９　男の人の夏休みはいつですか。
ーーーーーーーーーーーーーーーーーーーー
男：中村さん、夏休みをいつ取るか決めましたか。
女：いえ、まだです。今年は特に予定もないので。
男：そうですか。僕、今年は妻の両親の家に行くので、
　　12日と13日に取ろうと思いますが、どうでしょ
　　う。
女：いいですね。14日から18日は会社の休みだから、
　　吉田さんの夏休みは７連休ですね。
男：それが、10日と11日も土曜日と日曜日なので…。
女：あ、そうか。それなら９連休。ゆっくりできそう
　　ですね。
男：申し訳ないんですが。
女：大丈夫ですよ。じゃあ私は会社の休みの後に続け
　　て２日間取らせてもらいますね。
男：中村さんは７連休ですね。
女：ええ。どこにでかけようかな。
ーーーーーーーーーーーーーーーーーーーー
問題９　男の人の夏休みはいつですか。

Jを見てください。
女の人が話しています。

問題１０　正しいグラフは、どれですか。
———————————————————
女：最近、子どもがインターネットを使う時間が長く
　　なっていると色々なニュースで放送しています。
　　私たちの町でも10歳から17歳までのインターネッ
　　トの利用時間を調べました。一番長かったのが16
　　歳から17歳で３時間37分、一番短かったのが10歳
　　から12歳で１時間58分でした。13歳から15歳は、
　　２番目の２時間44分でした。どの年でも去年より
　　長くなっていますが、10歳から12歳が一番で、21
　　分長くなりました。
———————————————————
問題１０　正しいグラフは、どれですか。

Kを見てください。
男の人が話しています。

問題１１　男の人は、どのコースに参加しましたか。
———————————————————
男：大阪で、ケーキなどを食べながらマラソンをする
　　イベントが行われ、私も参加して来ました。１人
　　で６キロ走るコース、親子で1.5キロ走るコース、
　　何人かのリレーで30キロ走るコースの３つあり、
　　それぞれ70分、35分、３時間30分と、走る時間
　　が決まっています。１周1.5キロのコースに、小
　　さいケーキやタルト、ゼリーなどのスイーツを食
　　べるところがあります。時間内なら何回でも食べ
　　ることができます。私は６キロのコースだったの
　　で、４回も食べることができました。このイベン
　　トには、子供からお年寄りまで様々な年代の人が
　　参加していて、どの人もスイーツとマラソンを楽
　　しんでいました。私もおいしいスイーツを食べら
　　れて、とても楽しかったです。
———————————————————
問題１１　男の人は、どのコースに参加しましたか。

Lを見てください。
会社で男の人と女の人が話しています。

問題１２　女の人は、いくらのお菓子を買いますか。
———————————————————
男：今日遠くから来るお客様がいて、お土産を渡した
　　いんだけど、他の約束があって買いに行けないか
　　ら、代わりに用意してもらえるかな。
女：わかりました。どのようなものがよろしいですか。
男：そうだなあ、2000円から3000円くらいのお菓子を
　　お願いしたいんだけど。
女：それなら、会社の近くのお店の焼き菓子セットは
　　いかがですか。4000円くらいなので少し高くなり
　　ますが…。
男：いいね、任せるよ。
女：お客様は何時にお見えになりますか。
男：13時に会社の受付で待ち合わせしてるから、そ
　　れまでに用意してくれると助かるよ。
女：わかりました。３時ですね。
男：いや、13時。１時だよ。よろしくね。
———————————————————
問題１２　女の人は、いくらのお菓子を買いますか。

例題1　おはようございます。
1　おはようございます。
2　おやすみなさい。
3　さようなら。

例題2　お仕事は？
　　　　－会社員です。
1　わたしも会社員じゃありません。
2　わたしも会社員です。
3　わたしも医者です。

一番いいものは例題1は1、例題2は2です。ですから、例題1は1、例題2は2を、例のようにマークします。

問題13　すみません、4階に行きたいんですが。
1　エレベーターはあちらです。
2　サイクリングに行きましょう。
3　ＣＤを聞きますか。

問題14　まだ出かけないの？
1　これから書くよ。
2　もうすぐ着くよ。
3　ちょっと、ネクタイを選んでいたんだ。

問題15　はあ、今日も部長に叱られたよ。
1　それは、よかったね。
2　お大事に。
3　何か失敗したの？

問題16　いらっしゃいませ。
1　あのう、マフラーがほしいんですが。
2　はい、ワインを飲んだんです。
3　ええ、帽子を買っています。

問題17　今日は、遅れてすみませんでした。
1　素晴らしかったですね。
2　明日は遅れないようにしてくださいね。
3　早く帰ってくださいね。

問題18　私の妹がアルバイトしているレストラン、
　　　　とてもおいしいんですよ。
1　じゃ、今度行ってみます。
2　見せましょうか。
3　もう飲みますか。

問題19　風が冷たいですね。
1　冷たい飲み物です。
2　いよいよ冬本番ですね。
3　いいえ、寒いですね。

問題20　最近、体の調子がよくないんです。
1　それは、いいことですね。
2　それは、いけませんね。
3　それは、助かります。

問題21　もしもし、鈴木ですが、今よろしいでしょ
　　　　うか。
1　今、会議中なので、またかけ直します。
2　いいえ、よくないです。すみません。
3　はい、ちょうどいいと思います。

問題22　明日の食事会は、スーツを着なければなり
　　　　ませんか。
1　スーツじゃなくても構いませんよ。
2　スーツを着ております。
3　スーツを着始めます。

問題23　エンさん、お昼ごはん、どうしますか。
　　　　－今からです。タオさんもどうですか。
1　わかりにくいですね。
2　とてもうまいですね。
3　じゃ、これだけやってしまいますね。

問題24　スピーチのコツを教えてください。
1　慣れることですよ。
2　この会場ですよ。
3　3時からですよ。

問題25　その仕事、私にやらせてもらえませんか。
1　お疲れさまでした。
2　わかった。よろしくね。
3　今すぐ連絡して。

問題26　おかげさまで、研修の報告会で褒められま
　　　　した。
　　　　－よく頑張りましたね。
1　世話をしてくださいね。
2　課長のおかげです。
3　もうあきらめましたよ。

問題２７　この時間じゃ、電車に間に合いそうもない
　　　　　　ね。
１　ずいぶん急いだんだね。
２　うん、嬉しいね。
３　そんなことないんじゃない？

問題２８　佐藤部長はいらっしゃいますか。
　　　　　　－ただいま席を外しております。
１　では、席を作ってください。
２　では、伝言をお願いできますか。
３　では、メッセージをお受けします。

会話・説明問題
「＊」の部分は録音されていません。

例題
————————————————
女：すみません。頭が痛いですから、きょうは帰りま
　　す。
男：わかりました。
————————————————
問題　女の人はどうして帰りますか。
＊１　耳が痛いですから
＊２　頭が痛いですから
＊３　歯が痛いですから

一番いいものは２です。ですから、例のように２を
マークします。

１　女の人と男の人の会話を聞いてください。
————————————————
女：田中さん、何を食べますか。
男：カレーもおいしそうだけど、てんぷらもおいしそ
　　うですね。でもハンバーグにします。肉が食べた
　　いですから。山田さんは？
女：私はコーヒーだけでいいです。
男：どうしたんですか。お腹が空いていないんですか。
女：うーん、お腹は空いていますが、ダイエット中な
　　んです。
男：へー。何かあるんですか。
女：来月友だちの結婚式があるから、少しやせたいと
　　思って。
男：そんなに無理しないほうがいいですよ。これなら
　　食べてもよさそうですよ。
女：そうですね、じゃ、ちょっとだけ…。
————————————————

問題２９　男の人は、何を注文しますか。
＊１　カレーライスです。
＊２　てんぷらセットです。
＊３　ハンバーグです。

問題３０　女の人は、どうしてやせたいですか。
＊１　男の人がやせている女の人が好きだからです。
＊２　来月友だちの結婚式があるからです。
＊３　甘いものを食べすぎたからです。

2　女の人の話を聞いてください。
――――――――――――――――――――
女：私はこの間、生け花教室へ行きました。私は、前
　　から日本の文化を教えてもらいたいと思っていま
　　した。その日は「母の日」にあげる花を作りまし
　　た。先生が作った生け花を見て私も作ってみまし
　　た。他の人も一生懸命作っていました。生け花は、
　　花に気持ちを入れて作るそうです。生け花は、き
　　れいにかざるだけだと思っていましたが、花に自
　　分の気持ちを入れるのがおもしろいと思いました。
　　生け花教室は初めてでしたが、日本の文化を教え
　　てもらえてよかったです。
――――――――――――――――――――
問題３１　女の人はどこへ行きましたか。
＊１　料理教室です。
＊２　生け花教室です。
＊３　お茶の教室です。

問題３２　話の内容と合っているのはどれですか。
＊１　自分の国の文化を教えました。
＊２　日本の文化を教えてもらいました。
＊３　外で花を集めました。

3　電話で男の人と女の人が話しています。この会話
　　を聞いてください。
――――――――――――――――――――
男：もしもし、鈴木です。佐藤さんですか。
女：はい、佐藤です。どうしましたか。
男：今から会社に戻ります。５時ごろになると思いま
　　す。
女：そうですか。でも、今日はそのまま帰ってもいい
　　ですよ。
男：でも、今日はみんなでポスターやカレンダーを作
　　る仕事があったと思いますが。
女：会議が早めに終わったので、私や部長も手伝って、
　　ポスターは終わりました。あと少しで全部終わる
　　ので大丈夫ですよ。
男：そうですか。では、今日はこれで失礼します。
――――――――――――――――――――
問題３３　男の人は、このあと何をしますか。
＊１　会社に戻ります。
＊２　部長の家に行きます。
＊３　家に帰ります。

問題３４　女の人は、これから何をしますか。
＊１　ポスターを作ります。
＊２　会議に行きます。
＊３　カレンダー作りを続けます。

4 男の人の話を聞いてください。
ーーーーーーーーーーーーーーーーーー
男：私は今、70歳です。今年高校を卒業しました。私
　　の家は兄弟が多く、お金もあまりなかったので、
　　若いころ、高校に行くことができませんでした。
　　15歳で中学校を卒業し、65歳までずっと働いてい
　　ました。それでもやっぱり高校の授業を受けたい
　　と思い、高校の入学試験を受けることにしました。
　　試験に合格して高校生活が始まると、周りには孫
　　ぐらいの年の子ばかりでした。でも、勉強したい
　　という気持ちに年は関係ないと思います。これか
　　らももっといろいろなことを勉強するために、次
　　は大学へ行きますが、今の目標は、大学を卒業し
　　て、大学院へ行くことです。
ーーーーーーーーーーーーーーーーーー
問題35　男の人は、いつ高校を卒業しましたか。
＊1　18歳の時です。
＊2　去年です。
＊3　今年です。

問題36　男の人は、勉強することについてどう思っ
　　　　ていますか。
＊1　何歳でしてもいい。
＊2　若いときにしたほうがいい。
＊3　年を取ってからしたほうがいい。

5　会社で、男の人と女の人が話しています。この会
　　話を聞いてください。
ーーーーーーーーーーーーーーーーーー
男：山本チーフ、おはようございます。今日から3月
　　ですね。あ、今日の新聞は、もうお読みになりま
　　したか。
女：おはよう。今日は、まだ読んでない。何かいい話
　　あった？
男：はい。イギリスの航空会社で、女性が化粧をしな
　　くてもいいし、スカートをはかなくてもよくなっ
　　たらしいです。
女：それはいいニュースだね。
男：うちの会社も、受付の女性は化粧をしてスカート
　　をはくのが規則ですよね。
女：そうそう。男の人と受付以外の女の人は、自由だ
　　けどね。
男：受付の人も、自由に選べたほうがいいですよね。
女：私もそう思う。来月の会議で話してみるけど、そ
　　の記事、もっと詳しいこと書いてある？
男：まだ新聞を持っているので、ご覧になりますか。
女：そうね。ありがとう。
ーーーーーーーーーーーーーーーーーー
問題37　会議は、いつですか。
＊1　3月です。
＊2　4月です。
＊3　5月です。

問題38　女の人は、このあと、何をしますか。
＊1　新聞を読みます。
＊2　会議に出席します。
＊3　スカートをはきます。

これで聞くテストを終わります。

第2回 J.TEST実用日本語検定 （D−Eレベル）
正解とスクリプト

■ 読解・記述問題　350点

《 文法語彙問題 》 各5点（計150点）			《 読解問題 》 各5点（計80点）		《 漢字問題Ａ 》 各4点（40点）
1) 2	11) 4	21) 2	31) 2	41) 2	47) 2
2) 2	12) 3	22) 3	32) 2	42) 2	48) 1
3) 4	13) 2	23) 2	33) 1	43) 4	49) 4
4) 1	14) 4	24) 1	34) 4	44) 3	50) 3
5) 1	15) 3	25) 3	35) 4	45) 3	51) 1
6) 2	16) 1	26) 2	36) 1	46) 2	52) 3
7) 3	17) 4	27) 3	37) 4		53) 1
8) 4	18) 2	28) 1	38) 3		54) 4
9) 3	19) 3	29) 1	39) 1		55) 1
10) 1	20) 3	30) 1	40) 3		56) 1

《 漢字問題Ｂ 》 各4点（40点）　＊漢字問題Ａ＋Ｂ＝計80点
- 57) おし
- 58) すず
- 59) かよ
- 60) だいどころ
- 61) うた
- 62) しゅじん
- 63) し
- 64) そだ
- 65) ことわ
- 66) そうじ

解答例　《 記述問題Ａ 》 各5点 （20点）　＊(A)と(B)が両方正解で5点。部分点はありません。
- 67)（A）あった　　　　　　　　（B）家
- 68)（A）重かった　　　　　　　（B）迎えに来て
- 69)（A）いかが　　　　　　　　（B）夕方
- 70)（A）話し　　　　　　　　　（B）のどが痛くなりました

解答例　《 記述問題Ｂ 》 各5点 （20点）＊部分点はありません。　＊記述問題Ａ＋Ｂ＝計40点

- 71) テーブルにお皿を並べて
- 72) わたしも今来た
- 73) ５日間、熱が下がら
- 74) アイデアを忘れないように、メモして

■ 聴解問題　350点

《写真問題》 各5点（計30点）	《聴読解問題》 各10点（計60点）	《 応答問題 》 各10点（計160点）		《 会話・説明問題 》 各10点（計100点）
1) 4	7) 1	13) 3	23) 1	29) 3
2) 2	8) 3	14) 3	24) 3	30) 3
3) 4	9) 2	15) 2	25) 1	31) 3
4) 2	10) 4	16) 1	26) 3	32) 1
5) 4	11) 3	17) 3	27) 3	33) 3
6) 3	12) 3	18) 2	28) 2	34) 3
		19) 1		35) 2
		20) 1		36) 1
		21) 1		37) 3
		22) 3		38) 2

　写真問題

例題の写真を見てください。
例題　これは何ですか。
1　コップです。
2　いすです。
3　ノートです。
4　えんぴつです。

一番いいものは1です。ですから、例のように1を
マークします。

Aの写真を見てください。
問題1　ここはどこですか。
1　旅館です。
2　バス乗り場です。
3　駅のホームです。
4　動物園です。

Bの写真を見てください。
問題2　これは何ですか。
1　手袋です。
2　アクセサリーです。
3　サンダルです。
4　下着です。

Cの写真を見てください。
問題3　何をしていますか。
1　ガラスを割っています。
2　手紙を届けています。
3　ラジオを放送しています。
4　落ち葉を拾っています。

Dの写真を見てください。
問題4　正しい説明は、どれですか
1　アナウンサーがレポートしています。
2　ダンサーが踊っています。
3　サラリーマンが騒いでいます。
4　女の人がゲートを守っています。

Eの写真を見てください。
問題5　正しい説明は、どれですか。
1　大きな火事が起きています。
2　雪が積もっています。
3　煙突から煙が出ています。
4　海の波がおだやかです。

Fの写真を見てください。
問題6　上司に作成した資料を見てもらいたいです。
　　　　こんな時、何と言いますか。
1　この資料、確認してあげましょうか。
2　この資料、確認してくださいましたか。
3　この資料、確認していただけませんか。
4　この資料、確認させてもらえませんか。

例題を見てください。
男の人と女の人が話しています。

問題　男の人のかばんは、どれですか。
————————————————————
男：私のかばんは、黒くて、大きいです。
女：これですか。
男：ええ、そうです。
————————————————————
問題　男の人のかばんは、どれですか。

一番いいものは４です。ですから、例のように４を
マークします。

Gを見てください。
女の人が話しています。

問題７　女の人は、どうやってビーチに行きまし
　　　　たか。
————————————————
女：先週、遠くに住む友だちに会いに行きました。東
　　京から飛行機に２時間、船に30分乗って島に着き、
　　そこからバスで30分、やっと友だちの家の近くに
　　あるビーチに着きました。ビーチまでは友だちと
　　自転車で観光しながら行く予定でしたが、雨が
　　降っていたので、それはやめました。
————————————————
問題７　女の人は、どうやってビーチに行きまし
　　　　たか。

Hを見てください。
女の人と男の人が話しています。

問題８　男の人は週に何日、朝ごはんを食べますか。
————————————————————
女：佐藤さん、これを見てください。朝ごはんを毎日
　　食べる習慣のない人が半分もいるんですよ。
男：へぇ、そうなんですね。
女：毎日食べている人が50パーセント、週に４日以上
　　の人が18パーセント、週に１日から３日の人が14
　　パーセント、食べていない人が18パーセントなん
　　です。
男：実は僕も毎日は食べていないんです。週に２日く
　　らいですかね。
女：どうしてですか。
男：朝ごはんを作っている時間がないんです。
女：佐藤さん、朝ごはんは毎日少しでも食べたほうが
　　いいですよ。バナナとかでもいいですから。
男：わかってますけど、朝起きられなくて…。
————————————————————
問題８　男の人は週に何日、朝ごはんを食べますか。

Ｉを見てください。
会社で女の人と男の人が話しています。

問題９　男の人は、明日何を着て行きますか。
————————————————————
女：トウさん、明日から「クールビズ」が始まります
　　から、涼しい格好で来てくださいね。
男：すみません。私の国には「クールビズ」の習慣が
　　なくて、どんな格好がいいかわかりません。
女：あ、トウさんは、初めてでしたね。「クールビズ」
　　は、ネクタイをしなくてもいいですし、ジャケッ
　　トを着なくてもいいんです。アロハシャツやT
　　シャツでもいいんですよ。
男：そうですか。わかりました。明日はTシャツで来
　　ようと思います。
女：あ、明日は他の会社の人と会いますから、クール
　　ビズはだめですよ！
————————————————————
問題９　男の人は、明日何を着て行きますか。

Jを見てください。
男の人が話しています。

問題１０　台風は、これからどこを通りますか。
――――――――――――――――――――
男：今、日本の南にある台風は、これから北西へ進む
　　と考えられます。あさってには九州と沖縄の間を
　　通るでしょう。その後、九州の西側を進んで方向
　　を変え、来週、ゆっくりと日本海を北東の方角へ
　　進むでしょう。本州へ近づく危険はないと思いま
　　すが、大雨にはご注意ください。
――――――――――――――――――――
問題１０　台風は、これからどこを通りますか。

Kを見てください。
会社で女の人と男の人が話しています。

問題１１　男の人が持っている資料は、どれですか。
――――――――――――――――――――
女：この資料、数字が間違っていませんか。
男：え？　創立10周年で合っていますよね。
女：いえ、そっちじゃなくて日付の方です。火曜日は
　　10日じゃなくて、９日でしょう？
男：ああ、それ、日付じゃなくて曜日のほうが間違っ
　　ていますよ。パーティーは10日、水曜日です。僕
　　の資料はちゃんと水曜日になっています。
女：あ、本当ですね。
――――――――――――――――――――
問題１１　男の人が持っている資料は、どれですか。

Lを見てください。
男の人と女の人が話しています。

問題１２　女の人が熱が出た日の睡眠時間は、どれ
　　　　　ですか。
――――――――――――――――――――
男：その腕時計、何ですか。
女：ああ、これを付けているだけで、１日に歩いた
　　歩数や睡眠時間を記録してくれて、スマート
　　フォンで見ることができるんですよ。
男：本当だ、グラフになってる。田中さん、日に
　　よってずいぶん睡眠時間が違うんですね。た
　　とえば、こことか…。
女：ええ、この日は締め切り前で２時間しか寝られ
　　なかったんです。その代わり次の日に12時間も
　　寝てしまいました。
男：じゃあ、これも締め切りの前ですか。全然寝て
　　いないようですけど…。
女：えーと、これは徹夜でドラマを見てしまったん
　　です。そのせいで翌日、風邪をひいて、高熱が
　　出ちゃって、夕方から寝ていました。
男：ああ、それで次の日が10時間なんですね。
女：ええ。それで反省して、その後の１週間は…
男：６時間ずつですね。
女：ええ。
――――――――――――――――――――
問題１２　女の人が熱が出た日の睡眠時間は、どれ
　　　　　ですか。

例題1　おはようございます。
1　おはようございます。
2　おやすみなさい。
3　さようなら。

例題2　お仕事は？
　　　　－会社員です。
1　わたしも会社員じゃありません。
2　わたしも会社員です。
3　わたしも医者です。

一番いいものは例題1は1、例題2は2です。ですから、例題1は1、例題2は2を、例のようにマークします。

問題13　ピアノは弾けますか。
1　弾いていません。
2　けっこうです。
3　少しなら。

問題14　いくつに見えますか。
1　25歳になりました。
2　今年で30歳です。
3　35歳くらいですか。

問題15　大学合格、おめでとう。
1　どういたしまして。
2　先生のおかげです。
3　どうぞお大事に。

問題16　めがねを忘れました。
1　うちに取りに戻りますか。
2　うちに持ち帰りますか。
3　うちに連れて来ますか。

問題17　昨日、娘が産まれました。
1　よくいらっしゃいました。
2　おかげさまで。
3　おめでとうございます。

問題18　少しやせましたか。
1　彼女の料理がおいしくって。
2　最近、仕事が忙しくて。
3　社長にほめられちゃって。

問題19　何か音がしませんか。
1　え、誰もいないはずですよ。
2　ほんとだ。カレーですかね。
3　何も見えませんよ。

問題20　では、拝見させていただきます。
1　ごゆっくりご覧ください。
2　どうぞ、召し上がれ。
3　ええ、お目にかかりましょう。

問題21　そんなに飲まないほうがいいんじゃない
　　　　の？
1　平気平気。
2　そうだね、飲んだほうがいいね。
3　いいですね。

問題22　このコピー機、借りてもいいですか。
1　できたばかりなので熱いですよ。
2　あそこのお店で売っていますよ。
3　壊れているので使えませんよ。

問題23　あれ、2時なのにだれも来ていませんね。
　　　　－変ですね。会議は2時からなのに。
1　どうしたんでしょう。
2　楽しみですね。
3　もちろんですよ。

問題24　今、お茶をお持ちします。
1　おじゃましました。
2　持ちますので、大丈夫です。
3　どうぞおかまいなく。

問題25　机の上にファイルなんてないよ。
1　え、そんなはずないよ。
2　え、そんなつもりないよ。
3　え、置いたとおりなんだけど。

問題26　打ち合わせ、明日でしたっけ？
　　　　－うん。同行してもらえる？
1　いえ、ありがとうございます。
2　はい、何をさしあげましょうか。
3　ええ、私でよろしければ。

問題27　この仕事、やっていただけると助かるん
　　　　ですが。
1　助かりましたね。
2　ありがとうございます。
3　もう済んでますよ。

問題２８　セミナーの準備、終わりましたか。
　　　　　ーまだなんです。
１　お疲れ様でした。
２　手を貸しましょうか。
３　ほっとしましたね。

会話・説明問題
「＊」の部分は録音されていません。

例題
ーーーーーーーーーーーーーーーーーーーー
女：すみません。頭が痛いですから、きょうは帰りま
　　す。
男：わかりました。
ーーーーーーーーーーーーーーーーーーーー
問題　女の人はどうして帰りますか。
＊１　耳が痛いですから
＊２　頭が痛いですから
＊３　歯が痛いですから

一番いいものは２です。ですから、例のように２を
マークします。

１　女の人と男の人の会話を聞いてください。
ーーーーーーーーーーーーーーーーーーーー
女：樋口さん、よく山に行きますよね。私、今度富士
　　山に登るんですが、初めてで。何か気を付けるこ
　　とはありますか。
男：そうですね。夏でも富士山の上はかなり寒いです
　　から、しっかり着る物の準備をしてくださいね。
女：え、そうなんですか。寒いってどのくらい寒いん
　　ですか。
男：冬のような寒さの時もありますよ。
女：ええ！
男：それから、手袋やマフラーも持って行ったほうが
　　いいですね。靴もスニーカーじゃだめです。ちゃ
　　んと登山靴を履いてくださいね。
女：わー、荷物が多くなる。
男：山を甘く見てはいけません。最近海外からの登山
　　客も多いんですが、散歩にでも行くように、サン
　　ダルで登る人もいるといって問題になっているん
　　ですから。何かあってからでは遅いんですよ。
女：わかりました。
ーーーーーーーーーーーーーーーーーーーー
問題２９　男の人は女の人にどんなアドバイスをしま
　　　　　したか。
＊１　サンダルでも大丈夫です。
＊２　荷物は軽いほうがいいです。
＊３　冬用の服を準備したほうがいいです。

問題３０　男の人はどんな問題があると言っています
　　　　　か。
＊１　海外からの登山客が増えていることです。
＊２　けがをする人が増えていることです。
＊３　ちゃんと準備をしないで登る人がいることです。

2　男の人と女の人の会話を聞いてください。

ーーーーーーーーーーーーーーーーーーー

男：えつこさん、昨日、驚いたことがありました。

女：何ですか。

男：外を歩いていた時、雨が降ってきたんです。そうしたら周りの日本人が全員、傘をさしたんですよ。もう、びっくりしちゃって。日本人は毎日傘を持っているんですか。

女：ああ。天気予報で、雨が降るって言ってたからでしょう。日本人は天気予報を見て、その日、傘を持って行くかどうか決める人が多いんですよ。

男：そうですか。でも、雨ならコートを着てぼうしをかぶればいいじゃないですか。

女：うーん、それだけじゃ服やかばんがぬれちゃって、気持ち悪いでしょう？

男：風ですぐ乾くから大丈夫ですよ。

女：もしかしてボブさんの住んでいたアメリカの町は、雨が少ないですか。空気が乾いていればいいですけど、日本はそうじゃないので…。

男：はぁ、そうなんですね。

ーーーーーーーーーーーーーーーーーーー

問題３１　男の人が驚いたことは何ですか。

＊１　日本人がぼうしをかぶらないことです。

＊２　日本人が雨にぬれても気にしないことです。

＊３　日本人がみんな傘をさしたことです。

問題３２　女の人は日本人が傘をさす理由は何だと言っていますか。

＊１　服やかばんがぬれるのが嫌だからです。

＊２　日本の気候は風がよく吹くからです。

＊３　日本人はぼうしをかぶる習慣がないからです。

3　会社で男の人と女の人が話しています。この会話を聞いてください。

ーーーーーーーーーーーーーーーーーーー

男：来週の食事会、どの店がいいかな。

女：まだ予約してないの？　金曜は込むから、早くしたほうがいいわよ。いつもの居酒屋は？

男：うん、実は昨日ネットで予約したんだよね。でもいつも同じ店はつまらないかもって思って。この店はどうかな。

女：ホテルの中のレストランね。高そう。

男：そんなに高くないよ。立食パーティーコースが５千円。

女：えー、立って食べるのに５千円？

男：じゃ、こっちの和食の店は？　３千円からコースがあるし、会社からも近いし。それに、10人以上の予約で、５千円安くなるよ。

女：あ、いいんじゃない？

男：じゃ、電話してみる。

女：居酒屋は早くキャンセルしたほうがいいわよ。お店に迷惑がかかるから。

男：こっちの店が予約できたら、すぐするよ。

ーーーーーーーーーーーーーーーーーーー

問題３３　男の人はこのあとどうしますか。

＊１　ホテルのレストランを予約します。

＊２　居酒屋をキャンセルします。

＊３　和食の店に電話します。

問題３４　会話の内容と合っているのはどれですか。

＊１　女の人は、いつも同じ店じゃないほうがいいと思っています。

＊２　男の人は、食事会の予約をしなくても大丈夫だと思っています。

＊３　女の人は、ホテルのレストランは高いと思っています。

4　女の人の話を聞いてください。
_____

女：あなたの財布には今いくら入っていますか。日本の社会人は財布にいくら入れているのか、企業に勤めている男女100人に聞きました。一番多かったのは、「5千円から1万円」で40パーセントでした。次に「5千円以下」で24パーセント、「1万円から2万円」が22パーセントでした。昔は財布に入れておく現金は「年齢かける千円」がいいと言われていました。私は30歳ですから3万円ですね。でも、1万円くらいしか持ち歩きません。昔と違って今はクレジットカードや電子マネーなどで支払える店が増えましたから、現金はあまり必要ないと思います。調査でも、5万円以上財布に入れている人は3パーセントにすぎませんでした。今後、この傾向はもっと強くなると思います。
_____

問題35　財布に入れておく金額で一番多かった答えはどれですか。
＊1　1万円から2万円です。
＊2　5千円から1万円です。
＊3　5千円以下です。

問題36　女の人は、いつも財布にいくらぐらい入れていますか。
＊1　1万円です。
＊2　3万円です。
＊3　5万円です。

5　男の人の話を聞いてください。
_____

男：私が社会人になってから、最初に叱られたのが体調管理についてでした。入社して数か月の時、ひどい風邪をひいたんです。ふらふらになって出社して、なんとか仕事をしようとしたんですが、気づいた上司に帰宅させられました。よくなってから出社すると、上司から「いつまで学生気分でいるのか」と、叱られました。体調が悪いまま、社外の人に会うのもよくないし、周りの社員たちに風邪をうつす可能性もある。何よりひどい風邪をひくというのは、体調管理ができていないからだと言われました。たしかに、週末など学生時代の友人たちと夜遅くまで遊ぶことが多かったんです。それ以来、週末の過ごし方を変えました。まずは、仕事の疲れをとることを一番に考えて、うちでゆっくり過ごすようにしました。また日々の食事や運動にも気を使い、睡眠をしっかりとるようにもしています。このことを通して、社会人としての基本を学びました。
_____

問題37　男の人が風邪をひいたとき、上司はどうしましたか。
＊1　無理に出社させました。
＊2　社外の人に会わせました。
＊3　うちへ帰らせました。

問題38　男の人は風邪をひいた経験から学んだことは何だと言っていますか。
＊1　社会人になっても学生時代の友だちは大切だということです。
＊2　休みの日は仕事の疲れをとることを第一に過ごしたほうがいいということです。
＊3　上司に怒られないよう、風邪をひいたら会社を休まなければならないということです。

これで聞くテストを終わります。

第3回 J.TEST実用日本語検定 （D-Eレベル）
正解とスクリプト

■ 読解・記述問題 350点

《 文法語彙問題 》 各5点（計150点）			《 読解問題 》 各5点（計80点）		《 漢字問題A 》 各4点（40点）
1) 4	11) 2	21) 1	31) 2	41) 3	47) 4
2) 4	12) 4	22) 1	32) 3	42) 2	48) 2
3) 2	13) 4	23) 2	33) 2	43) 2	49) 1
4) 3	14) 3	24) 2	34) 4	44) 3	50) 1
5) 1	15) 3	25) 3	35) 3	45) 3	51) 2
6) 1	16) 1	26) 4	36) 2	46) 4	52) 4
7) 3	17) 4	27) 3	37) 3		53) 2
8) 1	18) 2	28) 1	38) 1		54) 4
9) 4	19) 1	29) 3	39) 3		55) 1
10) 2	20) 4	30) 2	40) 1		56) 4

《 漢字問題B 》 各4点（40点） *漢字問題A＋B＝計80点

57) いけ	61) し	65) す
58) はし	62) きもの	66) ろうどう
59) みじか	63) せいじ	
60) ゆき	64) むか	

解答例 《 記述問題A 》 各5点（20点） *(A)と(B)が両方正解で5点。部分点はありません。

67)（A） 奥さん		（B） 行って	
68)（A） 来る		（B） 買って	
69)（A） 飲みもの		（B） 入れて	
70)（A） 出席したかった		（B） ないです	

解答例 《 記述問題B 》 各5点（20点）*部分点はありません。 *記述問題A＋B＝計40点

71) おじは有名な医者
72) お酒を飲みすぎて
73) スーツを着なくてもいい
74) めったに人をほめない

■ 聴解問題 350点

《写真問題》 各5点（計30点）	《聴読解問題》 各10点（計60点）	《 応答問題 》 各10点（計160点）		《 会話・説明問題 》 各10点（計100点）
1) 3	7) 4	13) 2	23) 1	29) 2
2) 4	8) 2	14) 1	24) 3	30) 2
3) 1	9) 3	15) 1	25) 3	31) 3
4) 2	10) 4	16) 2	26) 1	32) 3
5) 4	11) 2	17) 3	27) 3	33) 3
6) 2	12) 3	18) 1	28) 1	34) 2
		19) 3		35) 1
		20) 2		36) 2
		21) 1		37) 2
		22) 2		38) 2

写真問題

例題の写真を見てください。
例題　これは何ですか。
1　コップです。
2　いすです。
3　ノートです。
4　えんぴつです。

一番いいものは1です。ですから、例のように1を
マークします。

Aの写真を見てください。
問題1　これは何ですか。
1　カーテンです。
2　日記です。
3　はさみです。
4　布団です。

Bの写真を見てください。
問題2　何をしていますか。
1　展覧会です。
2　乾杯です。
3　相撲です。
4　結婚式です。

Cの写真を見てください。
問題3　ここは、どこですか。
1　畑です。
2　和室です。
3　屋上です。
4　工場です。

Dの写真を見てください。
問題4　何をしていますか。
1　荷物を持っています。
2　髪を切っています。
3　頭を振っています。
4　手を回しています。

Eの写真を見てください。
問題5　正しい説明は、どれですか。
1　車にカバーがかかっています。
2　男の人は食器を持っています。
3　洗剤の種類が多いです。
4　男の人はタイヤを洗っています。

Fの写真を見てください。
問題6　訪問した会社の受付で、山田さんと会う約束
　　　があることを伝えます。こんな時、何と言い
　　　ますか。
1　2時に山田様とお邪魔いたします。
2　2時に山田様とお約束させていただいております。
3　2時に山田様に来てもらいたいんですが。
4　2時に山田様にアポを取ることになっております。

聴読解問題

例題を見てください。
男の人と女の人が話しています。

問題　男の人のかばんは、どれですか。
ーーーーーーーーーーーーーーーーーーーー
男：私のかばんは、黒くて、大きいです。
女：これですか。
男：ええ、そうです。
ーーーーーーーーーーーーーーーーーーーー
問題　男の人のかばんは、どれですか。

一番いいものは4です。ですから、例のように4を
マークします。

Gを見てください。
女の人と男の人が話しています。

問題7　女の人は、何を買いますか。
――――――――――――――――――――
女：母が風邪をひいてしまったんですよ。熱が下がら
　　なくて、ずっと寝ています。
男：それは大変ですね。
女：仕事の帰りにスーパーに寄って何か買ってあげよ
　　うと思っています。
男：食べ物ですか。
女：うーん、そうですねえ。あまり食べることができ
　　ませんから、冷たい飲み物にします。
――――――――――――――――――――
問題7　女の人は、何を買いますか。

Hを見てください。
会社で、女の人と男の人が話しています。

問題8　男の人は、いつ名刺を受け取りますか。
――――――――――――――――――――
女：社長、来週の月曜から出張に行かれますよね。名
　　刺はまだありますか。少ないようでしたら、注文
　　いたしますが。
男：ありがとう。今回の出張は大勢の人に名刺を配る
　　と思うから、足りなくなるな。じゃ、注文してお
　　いてくれる？　明日には届くかな？
女：3時までの注文なら大丈夫なんですが、今からで
　　すと、あさって、金曜日になります。
男：困ったなあ。金曜日は休みを取ってるんだ。月曜
　　日は朝早いから、家から直接空港に行くつもり
　　だったんだけど…。土日のどっちかで会社に取り
　　に来るか…。
女：でしたら、月曜に空港にお届けしましょうか。
男：いや、それは悪いよ。じゃあ、あさって名刺が届
　　いたら家に送ってくれる？　土曜日には届くよね。
女：ええ、1日で届くはずです。もっと早く気がつけ
　　ばよかったですね。
男：いやいや。言われなかったら出張先で名刺を切ら
　　していたよ。ありがとう。
――――――――――――――――――――
問題8　男の人は、いつ名刺を受け取りますか。

Iを見てください。
女の人と男の人が話しています。

問題9　女の人は、何を着ますか。
――――――――――――――――――――
女：卒業式、何着ようかな。
男：スーツじゃだめなの？
女：女の人はスーツ着る人、あまりいないからな。就
　　職活動みたいになっちゃうし。でも、男の人はほ
　　とんどがスーツだから、いいよね。
男：じゃあ、着物は？　着たことある？
女：あるわよ。着物はきれいで大好きだけど、歩くの
　　が大変なのよね。
男：ああ、じゃ、袴はどう？　袴って、下は長いス
　　カートみたいなものでしょ？　着物より歩きやす
　　そう。それに大きなリボンが前にあるの、かわい
　　いよね。
女：袴の中には、着物を着てるのよ。私、袴ははいた
　　ことないけど、歩くのは着物と同じで大変だと思
　　うな。
男：へえ、そうなんだ。じゃ、パーティー行く時に着
　　るようなドレスは？　この間、買ったって言って
　　たよね？
女：うん。でもちょっと、卒業式って感じじゃないか
　　な。うーん、やっぱりスーツにしようかな。アク
　　セサリーをつければ、いいかもしれない。
男：うん。そうだね。
――――――――――――――――――――
問題9　女の人は、何を着ますか。

Jを見てください。
女の人が話しています。

問題１０　女の人は、昨日、スーパーでいくら使いましたか。
――――――――――――――――――――
女：このグラフは、スーパーで１回の買い物に使う金額を聞いた結果です。千円未満が12パーセント、千円から２千円が33パーセント、２千円から３千円が30パーセントで、３千円以下で４分の３になります。でもわたしは、１週間に２回しかスーパーに行かないので、もう少し金額が大きくなります。食費を月４万円までと決めているため、１週間の食費は１万円です。買い物は１週間に２回行くので、１回の買い物代はいつも４千円から５千円ぐらいです。でも昨日は、１週間分まとめて買いました。今週は忙しくて、スーパーに２回行けませんから。
――――――――――――――――――――
問題１０　女の人は、昨日、スーパーでいくら使いましたか。

Kを見てください。
男の人が話しています。

問題１１　14歳以下の女の子の数は、どれですか。
――――――――――――――――――――
男：国がまとめた14歳以下の子どもの数は、前の年より18万人少ない1533万人でした。これは1950年以降で一番少ない数で、38年連続で減っています。1533万人のうち、男の子は785万人、女の子が748万人です。年齢別では、12歳から14歳は322万人ですが、０歳から２歳は286万人です。日本では、生まれる子どもの数が減り、お年寄りが増える「少子高齢化」が年々進んでいます。国は、子どもを安心して育てられる環境をつくって、少子化を止めようと、出産や子育てへの支援に取り組んでいます。
――――――――――――――――――――
問題１１　14歳以下の女の子の数は、どれですか。

Lを見てください。
男の人と女の人が話しています。

問題１２　男の人がブックカバーを使う理由は、どれですか。
――――――――――――――――――――
男：佐藤さん、読書好きですよね。ブックカバーを使っていますか。
女：ええ、使っています。本を汚したくないですから。それに、どんな本を読んでいるか人に知られるのは恥ずかしいですよ。
男：私の国では本にカバーをつけて読んでいる人なんて見たことがなかったんです。それで気になって、日本人がなぜブックカバーを使うのか、調べてみたんです。それがこの結果なんですが、やっぱり佐藤さんと同じ理由でつける人が多いんですね。
女：そうでしょうね。
男：私は汚れるのも、読んでいる本を知られるのも気にしないですけどね。
女：そうですか。
男：でもこの間、本屋で本を買った時、ブックカバーをつけてくれたのでびっくりしました。それでそのまま私もブックカバーをつけるようになりましたよ。
女：私はいつもカバーを断っています。自分で気に入っているブックカバーをいくつか持っているので。読む本の内容に合わせて、好きなデザインのカバーを選んで使っています。
男：へえ。ファッション感覚で使うんですか。おもしろいですね。
――――――――――――――――――――
問題１２　男の人がブックカバーを使う理由は、どれですか。

例題1　おはようございます。
1　おはようございます。
2　おやすみなさい。
3　さようなら。

例題2　お仕事は？
　　　　－会社員です。
1　わたしも会社員じゃありません。
2　わたしも会社員です。
3　わたしも医者です。

一番いいものは例題1は1、例題2は2です。ですから、例題1は1、例題2は2を、例のようにマークします。

問題13　このペンは誰のですか。
1　私のペンと同じです。
2　わかりません。
3　安かったです。

問題14　カッターはどこにありますか。
1　引き出しの中です。
2　どんなにおいですか。
3　お風呂に入っています。

問題15　行ってきます。
1　行ってらっしゃい。
2　お帰りなさい。
3　行ってまいります。

問題16　お母さんはどんな人ですか。
1　料理を作ることです。
2　料理がじょうずで優しい人です。
3　一緒に旅行に行きたいです。

問題17　英語は話せますか。
1　いいえ、勉強しません。
2　いいえ、壊れています。
3　いいえ、苦手です。

問題18　これは、輸入しているんですか。
1　はい、アメリカから。
2　はい、社長にもらいました。
3　はい、1か月前です。

問題19　靴は脱いだほうがいいですか。
1　素敵な靴下ですね。
2　投げないでくださいね。
3　履いたままで大丈夫ですよ。

問題20　スプーンはありますか。
　　　　　－そこに箸が出してありますよ。
1　いつも右手を使っているので。
2　箸がうまく使えないんです。
3　もう食べ終わったので、箸はいりません。

問題21　この資料、まだ必要でしょうか。
1　いいえ、捨ててください。
2　いいえ、邪魔しないでください。
3　はい、もう集めました。

問題22　お飲み物は、いつお持ちしますか。
1　アイスコーヒーをください。
2　食事の後にお願いします。
3　まだ飲んでいません。

問題23　いらっしゃいませ。
　　　　　－パソコンは、どこにありますか。
1　ご案内いたします。
2　ご馳走いたします。
3　ご招待いたします。

問題24　また同じミスをしていますよ。
1　成長しましたね。
2　嬉しく思います。
3　申し訳ございません。

問題25　お食事はお済みですか。
1　味の好みは人それぞれですから。
2　ええ。ちょっと油が多いですね。
3　まだです。お腹ぺこぺこです。

問題26　メールの宛先間違えて送ってるよ。
1　あ、しまった！
2　送っちゃだめ！
3　直してあげる。

問題27　買い物に行くなら、ついでにハガキ出してきて。
1　ハガキは売ってないよ。
2　ううん、郵便局に行くんだ。
3　わかった。そこに置いといて。

問題28　このポスター、誰が作ったんですか。
　　　　　ー私ですが。
1　センスがいいですね。
2　テンポがいいですね。
3　リズムがいいですね。

「＊」の部分は録音されていません。

例題
ーーーーーーーーーーーーーーーーーーーーー
女：すみません。頭が痛いですから、きょうは帰りま
　　す。
男：わかりました。
ーーーーーーーーーーーーーーーーーーーーー
問題　女の人はどうして帰りますか。
＊1　耳が痛いですから
＊2　頭が痛いですから
＊3　歯が痛いですから

一番いいものは2です。ですから、例のように2を
マークします。

1　電話で、男の人と女の人が話しています。この会
　　話を聞いてください。
ーーーーーーーーーーーーーーーーーーーーー
男：お電話替わりました。高橋です。
女：お世話になっております。本田ですが、すみませ
　　ん、お願いしていた資料、もうできていますで
　　しょうか。
男：はい、これからFAXで送るところです。
女：ありがとうございます。今、会社の外におります
　　ので、メールで送っていただいてもよろしいで
　　しょうか。
男：わかりました。ではこれからお送りします。
女：ありがとうございます。
ーーーーーーーーーーーーーーーーーーーーー
問題29　男の人は、この後、何をしますか。
＊1　FAXを送ります。
＊2　メールを送ります。
＊3　資料を作ります。

問題30　女の人は、今、どこにいますか。
＊1　会社です。
＊2　会社の外です。
＊3　家です。

2　アルバイトの面接で、店長と女の人が話しています。この会話を聞いてください。

――――――――――――――――――

男：チャンさんは、いつ日本に来ましたか。
女：半年前です。
男：そうですか。1週間に何日働けますか。
女：毎日働けます。今、日本語学校に通っていますが、授業は月曜日から金曜日、平日の午後だけです。5時に終わりますから、平日は毎日6時から働けます。土曜日と日曜日は一日中働けます。たくさん働きたいです。お願いします。
男：そうですか。日本語がじょうずですね。毎日来てほしいんですが、留学生のアルバイトは1週間に28時間までですよね。
女：あ、はい。学校で聞きました。
男：では、月、水、金に、午後6時から4時間、土曜日と日曜日は8時間ずつ来てくれますか。
女：はい、ありがとうございます。がんばります。
男：では、来週からお願いします。

――――――――――――――――――

問題31　女の人は、いつ働きますか。
＊1　平日の午前中、毎日です。
＊2　土曜日と日曜日だけです。
＊3　平日3日間と、土曜日と日曜日です。

問題32　店長について、会話の内容と合っているのはどれですか。
＊1　留学生が1週間に働ける時間を知りませんでした。
＊2　女の人の日本語があまりじょうずじゃないと思っています。
＊3　女の人に来週から働いてもらうことにしました。

3　電話で、女の人と男の人が話しています。この会話を聞いてください。

――――――――――――――――――

女：もしもし、フランシスさん？
男：かおりさん、どうしたの？
女：ごめん、遅れそう。今、バスに乗ってるんだけど、事故があったみたいで、道がすごく混んでて…。美術館、先に入って見ててもらえる？
男：いや、一緒に入りたいから待ってるよ。
女：でもどのくらい遅れるかわからないよ。
男：じゃあ、近くの本屋にいるよ。着いたら電話して。美術館の入り口に行くから。
女：だけど、本当にバス、全然動かないから、もしかしたらあと1時間くらいかかるかもしれないよ。
男：大丈夫。1時間でも2時間でも待っててあげるよ。でも本屋で立ってるのが疲れたら、隣の喫茶店でコーヒー飲みながら待ってるね。
女：わかった。じゃ、また電話する。本当にごめんね。

――――――――――――――――――

問題33　男の人は、この後、どうしますか。
＊1　美術館の入り口に行きます。
＊2　喫茶店に入ります。
＊3　本屋に行きます。

問題34　男の人について、会話の内容と合っているのは、どれですか。
＊1　約束の時間に遅れます。
＊2　女の人が来るまで待ちます。
＊3　あとで女の人に電話します。

4 会社で、女の人と男の人が話しています。この会話を聞いてください。
————————————————
女：高田部長、どうしたんですか。
男：いやあ、まいったよ。こんなに降ってくるとは思わなかったから、傘を持って行かなかったんだよ。ちょうど面談が終わって、相手の会社を出たときに降り始めて、こんなに濡れてしまったよ。
女：このハンカチどうぞ、使ってください。
男：ありがとう。
女：あのう、さっき部長にお電話がありまして、さかまち社の藤田様が、できれば今日打ち合わせをしたいとおっしゃっていましたが…。
男：悪いけど、こんな格好じゃ打ち合わせできないから、日を改めてもらえないか電話しておいてくれる？
女：わかりました。
男：よろしく。
————————————————
問題３５　女の人は、この後、何をしますか。
＊１　さかまち社の藤田様に電話します。
＊２　男の人にハンカチを持ってきます。
＊３　男の人のかわりに藤田様に会います。

問題３６　会話の内容と合っているのは、どれですか。
＊１　男の人は、女の人に傘を借りました。
＊２　女の人は、男の人への伝言を預かりました。
＊３　男の人は、外出先で傘を忘れました。

5 男の人の話を聞いてください。
————————————————
男：区役所に来た人に、区役所の利用のしやすさについて聞いてみました。まず、良い点として最も多かったのが、地下鉄のえきから、エレベーターで直接１階に行けるという点でした。次に、案内の文字などが大きくて見やすい、そして、ロビーが広く、座れるばしょがおおいということも好評でした。逆に、広すぎてどこへ行ったらいいかわからないという意見もありました。その他、問題点として、駐車場が狭いこと、書類の発行の料金が高いことなどがありましたが、一番は、待ち時間についてでした。待ち時間が長いという苦情は、窓口にも多く寄せられています。また、書類の発行をオンラインでもできるようにしてほしいという意見も多く、特に若い世代からの意見が目立ちました。
————————————————
問題３７　区役所の良い点として、一番おおかった意見は何ですか。
＊１　ロビーが広く、座れるばしょがおおいことです。
＊２　えきから行きやすいことです。
＊３　案内がわかりやすいことです。

問題３８　区役所の問題点として、一番おおかった意見は何ですか。
＊１　駐車場が狭いことです。
＊２　待たされる時間が長いことです。
＊３　オンラインで書類がもらえないことです。

これで聞くテストを終わります。

第4回 J.TEST実用日本語検定 （D-Eレベル）
正解とスクリプト

■ 読解・記述問題　350点

《 文法語彙問題 》 各5点（計150点）			《 読解問題 》 各5点（計80点）		《 漢字問題A 》 各4点（40点）
1)　3	11)　4	21)　4	31)　2	41)　1	47)　1
2)　1	12)　1	22)　2	32)　1	42)　3	48)　4
3)　1	13)　3	23)　1	33)　2	43)　2	49)　2
4)　1	14)　3	24)　1	34)　3	44)　2	50)　3
5)　2	15)　1	25)　4	35)　3	45)　3	51)　3
6)　3	16)　2	26)　4	36)　3	46)　3	52)　1
7)　3	17)　4	27)　1	37)　1		53)　2
8)　1	18)　3	28)　4	38)　2		54)　1
9)　2	19)　2	29)　1	39)　2		55)　3
10)　1	20)　4	30)　3	40)　4		56)　4

《 漢字問題B 》 各4点（40点）　*漢字問題A＋B＝計80点
- 57)　あか
- 58)　いぬ
- 59)　お
- 60)　あね
- 61)　も
- 62)　ふる
- 63)　とく
- 64)　や
- 65)　けいび
- 66)　さらいしゅう

解答例　 《 記述問題A 》 各5点（20点）　 *(A)と(B)が両方正解で5点。部分点はありません。
- 67)（A）　食べた　　　　　（B）　飲んだ
- 68)（A）　います　　　　　（B）　帰った
- 69)（A）　天気予報　　　　（B）　降る
- 70)（A）　音　　　　　　　（B）　壊れて

解答例　 《 記述問題B 》 各5点（20点）*部分点はありません。　 *記述問題A＋B＝計40点

> 71)　学生に日本語を教えて
> 72)　どこか涼しいところに行き
> 73)　先月引っ越してきたばかりな
> 74)　に比べたらまだ下手

■ 聴解問題　350点

《写真問題》 各5点（計30点）	《聴読解問題》 各10点（計60点）	《 応答問題 》 各10点（計160点）		《 会話・説明問題 》 各10点（計100点）
1)　1	7)　4	13)　2	23)　1	29)　2
2)　3	8)　1	14)　3	24)　3	30)　1
3)　4	9)　2	15)　2	25)　1	31)　2
4)　2	10)　4	16)　2	26)　2	32)　3
5)　3	11)　4	17)　3	27)　3	33)　3
6)　4	12)　2	18)　1	28)　1	34)　2
		19)　3		35)　1
		20)　1		36)　2
		21)　1		37)　1
		22)　2		38)　1

写真問題

例題の写真を見てください。
例題　これは何ですか。
1　コップです。
2　いすです。
3　ノートです。
4　えんぴつです。

一番いいものは1です。ですから、例のように1をマークします。

Aの写真を見てください。
問題1　これは何ですか。
1　サンダルです。
2　サンドイッチです。
3　チョコレートです。
4　スクリーンです。

Bの写真を見てください。
問題2　正しい説明はどれですか。
1　泣いています。
2　怒っています。
3　眠っています。
4　笑っています。

Cの写真を見てください。
問題3　ここはどこですか。
1　工場です。
2　牛丼屋です。
3　美術館です。
4　寿司屋です。

Dの写真を見てください。
問題4　正しい説明は、どれですか。
1　女の人は、さいふを拾いました。
2　女の人は、さいふを盗まれました。
3　男の人は、さいふをもらいました。
4　男の人は、さいふを開きました。

Eの写真を見てください。
問題5　正しい説明は、どれですか。
1　個人でサイクリングしています。
2　団体で水泳をしています。
3　集団で登山しています。
4　別々にジョギングしています。

Fの写真を見てください。
問題6　お客様に、別の部屋で待っていてもらいます。
　　　　こんな時、何と言いますか。
1　こちらの知り合いでございます。
2　こちらは、ずいぶん待っております。
3　こちらで落ち着いてください。
4　こちらでしばらくお待ちください。

聴読解問題

例題を見てください。
男の人と女の人が話しています。

問題　男の人のかばんは、どれですか。
————————————————————
男：私のかばんは、黒くて、大きいです。
女：これですか。
男：ええ、そうです。
————————————————————
問題　男の人のかばんは、どれですか。

一番いいものは4です。ですから、例のように4をマークします。

Gを見てください。
男の人と女の人が話しています。

問題7　女の人の家は、どこですか。
ーーーーーーーーーーーーーーーーーーーーーー
男：パクさんは、どこに住んでいますか。
女：みどり駅の近くのアパートです。
男：ああ、駅前に大きなスーパーがあるから便利ですよ
　　ね。
女：ええ、でも、私のアパートはスーパーとは反対のほ
　　うなんですよ。
男：あ、大きい大学があるほうですか。
女：はい。駅から行くと、交差点を右に曲がって、大学
　　の前の道をまっすぐです。右側に郵便局があるんで
　　すが、その奥がわたしの家です。歩いて10分ぐらい
　　ですよ。
男：そうですか。近くていいですね。
女：ええ、会社に通いやすいので、とても気に入ってい
　　ます。
ーーーーーーーーーーーーーーーーーーーーーー
問題7　女の人の家は、どこですか。

Hを見てください。
女の人が話しています。

問題8　女の人は、いつもどこで昼ご飯を食べると言っ
　　　　ていますか。
ーーーーーーーーーーーーーーーーーーーーーー
女：昼ご飯をどこで食べることが多いか聞いたアンケー
　　トを見ました。わたしの会社では、自分の席で食べ
　　る人と、会社の近くの店で食べる人が多く、その中
　　でも自分でお弁当を作って持って来ていたり、仕事
　　仲間と一緒に近くの店に行ったりする人が多いよう
　　です。いちばん少なかったのが、公園のベンチなど
　　外で食べる人です。天気がいい日は気持ちよさそう
　　ですが、このアンケートが夏に行われたので、少な
　　かったのかもしれません。アンケートではっきりし
　　たのが、会社の食堂で食べる人が少なかったことで
　　す。わたしはよく利用しているのですが、たしかに
　　いつもすいています。わたしにとってはゆっくり食
　　べられるので嬉しいですが、値段が安いし、雨の日
　　も濡れないで行けるので、みんなもっと利用したら
　　いいと思います。
ーーーーーーーーーーーーーーーーーーーーーー
問題8　女の人は、いつもどこで昼ご飯を食べると言っ
　　　　ていますか。

Ｉを見てください。
会社で、女の人と男の人が話しています。

問題9　部長は、いつ杉山さんと会いますか。
ーーーーーーーーーーーーーーーーーーーーーー
女：部長、杉山様からお電話があり、直接会ってお話を
　　したいとのことです。
男：あー、杉山さんね。うーん、来週は出張があるから
　　なあ。水曜の昼からならあいているかな…。
女：杉山様は、できるだけ早く会いたいとのことで、部
　　長がよろしければ、日曜日でも大丈夫だそうです。
男：そうか、でも日曜日はちょっとな…。大阪へ出張の
　　日は、昼に出発だから、その前にでも会えるかな。
女：お時間はかからないということですので、それでよ
　　さそうですね。
男：じゃあ、その日、朝一番で。
女：はい、かしこまりました。では、連絡しておきます。
ーーーーーーーーーーーーーーーーーーーーーー
問題9　部長は、いつ杉山さんと会いますか。

Jを見てください。
男の人が話しています。

問題１０　男の人は、グラフのどこですか。
ーーーーーーーーーーーーーーーーーーー
男：このグラフは、１か月にどのくらい本を読んでいる
　　かを聞いたアンケート調査の結果です。いちばん多
　　かった答えは「２、３冊」で38パーセントいました。
　　二番目に多い「１冊」と答えた人が32パーセントな
　　ので、あまり変わりませんね。いちばん少なかった
　　のが「10冊以上」と答えた人でした。わたしは本が
　　好きで、１か月に７冊読むので、「４冊から８冊」
　　のところです。これは二番目に少なく、19パーセン
　　トの「全然本を読まない」と答えた人よりも少な
　　かったです。全然本を読まない人が結構多いので、
　　びっくりしました。
ーーーーーーーーーーーーーーーーーーー
問題１０　男の人は、グラフのどこですか。

Kを見てください。
男の人と女の人が話しています。

問題１１　男の人は、これからどの方法で勉強します
　　　　　か。
ーーーーーーーーーーーーーーーーーーー
男：最近、テキストを買って英語の勉強を始めたんだ
　　けど、なかなか進まなくて…。いい勉強法知って
　　る？
女：わたしはスクールに通ったほうがいいと思うけど、
　　最近は動画で勉強する人が多いみたいだよ。ほら、
　　これ見て。一番多いよ。
男：へー。45パーセントもいるんだ。あ、僕みたいに
　　テキストを買う人は二番目か。
女：動画で勉強、試してみたら？
男：うーん。でも、別の動画を見てしまって、進まな
　　いかも。
女：それならやっぱりスクールに通ったほうがいいん
　　じゃない？　お金がかかるし、わざわざ教室に行
　　かないといけないけど、先生がいるから集中でき
　　ると思うよ。
男：それならこのオンラインレッスンもよさそう。ス
　　クールほどお金がかからないし、家でできるみた
　　いだし。30パーセントくらいで、スクールに通う
　　人ほど多くないみたいだけど。
女：うん、自分に合う方法で勉強するのがいちばんだ
　　よ。
男：そうだよね、これで頑張ってみよう。
ーーーーーーーーーーーーーーーーーーー

問題１１　男の人は、これからどの方法で勉強します
　　　　　か。
Lを見てください。
女の人と男の人が話しています。

問題１２　二人が選んだのは、どれですか。
ーーーーーーーーーーーーーーーーーーー
女：課長の誕生日プレゼント、どういうのがいいか
　　な？
男：そうだなあ。ネクタイはどうかな。課長は無地の
　　ネクタイをつけていることが多いけど、派手なの
　　は好きじゃないのかな。
女：うーん。シンプルなほうが合わせるのが楽だから
　　じゃないかな。なかなかご自分では選びそうにな
　　いのにしない？　これなんてどう？　大きい水
　　玉！
男：えっ!?　ちょっと派手すぎるし、仕事のときはつ
　　けづらいんじゃない？
女：そうかな、若々しく見えていいと思うんだけどな
　　あ…。
男：ねえ、これはどうかな？　チェック柄。ストライ
　　プのは、しているのを見たことがあるけど、こう
　　いうのはきっと持っていないと思うんだ。
女：うん、オシャレでいいかも。
男：よし、じゃあこれにしよう。
ーーーーーーーーーーーーーーーーーーー
問題１２　二人が選んだのは、どれですか。

例題1　おはようございます。
1　おはようございます。
2　おやすみなさい。
3　さようなら。

例題2　お仕事は?
　　　－会社員です。
1　わたしも会社員じゃありません。
2　わたしも会社員です。
3　わたしも医者です。

一番いいものは例題1は1、例題2は2です。ですから、
例題1は1、例題2は2を、例のようにマークします。

問題13　お出かけですか。
1　ええ、ほんの気持ちです。
2　ええ、ちょっとそこまで。
3　ええ、まだまだです。

問題14　今日は、これで失礼します。
1　どうぞよろしく。
2　お邪魔します。
3　また遊びに来てください。

問題15　この道具は、危ないですからね。
1　はい、使います。
2　はい、気をつけます。
3　はい、お大事に。

問題16　課長、荷物をお持ちいたします。
1　はい、どうぞ。
2　ああ、ありがとう。
3　いいえ、これです。

問題17　これ、よかったら食べてください。
1　いいえ、よくないです。
2　はい、伺います。
3　はい、いただきます。

問題18　明日は、弟さんも来てくれるんですね。
1　はい、みなさんに会いたがっていますから。
2　はい、みなさんに会いたいですから。
3　はい、みなさんに会おうと思いますから。

問題19　明日は休ませていただけませんか。
1　はい、お休みします。
2　はい、休まれます。
3　はい、かまいませんよ。

問題20　ちょっとお金が足りないんです。
　　　　　－わたしが出しておきますよ。
1　すみません。お借りします。
2　すみません。出ていきます。
3　すみません。貸しておきます。

問題21　小森さん、シャツが汚れていますよ。
　　　　　－えっ、これ落ちるかなー。
1　うーん、大変かもしれませんね。
2　ええ、落としています。
3　いいえ、消えました。

問題22　山田さんの電話番号をご存じですか。
1　いいえ、この番号は違います。
2　いいえ、知りません。
3　いいえ、山田さんはいません。

問題23　次の商品、これでどうでしょうか。
　　　　　－これじゃ値段が高すぎますよ。
1　では、もう一度考えます。
2　はい、過ぎています。
3　いいえ、低くなりました。

問題24　キャッシュカード、使えますか。
1　ええ、比べてみますね。
2　すみません、ファックスならいいんですが…。
3　すみません、現金のみなんです。

問題25　体の調子が悪いんですか。
1　ええ、胸がむかむかするんです。
2　ええ、頭の中がごちゃごちゃです。
3　ええ、肌がすべすべです。

問題26　来週の食事会、参加する?
1　うん、都合が悪くて…。
2　うん、もちろん。
3　ううん、楽しかった。

問題27　すみません、今ちょっとよろしいですか。
1　どうぞおかまいなく。
2　はい、おかげさまで。
3　ええ、何でしょうか。

問題28　外食ばかりだと、体に良くないですよ。
1　そうですね、きょうこそ自分で料理しますよ。
2　ええ、あしたはもっと寝ます。
3　いいえ、時間を計っています。

会話・説明問題

「＊」の部分は録音されていません。

問題
————————————————
女：すみません。頭が痛いですから、きょうは帰ります。
男：わかりました。
————————————————
問題　女の人はどうして帰りますか。
＊1　耳が痛いですから
＊2　頭が痛いですから
＊3　歯が痛いですから

一番いいものは2です。ですから、例のように2をマークします。

1　男の人と女の人の会話を聞いてください。
————————————————
男：いらっしゃいませ。何名様ですか。
女：2名です。
男：たばこはお吸いになりますか。
女：いいえ、吸いません。
男：ただいま禁煙席があいていませんので、ご案内できるまで20分くらいかかってしまうかもしれませんが、よろしいですか。
女：20分ですか!?　うーん…。
男：喫煙席でしたらすぐにご案内できますが。
女：たばこは苦手なので、喫煙席はちょっと…。わかりました。じゃ、席があくのを待ちます。
男：すみません。それでは席があきましたらお呼びします。
女：はい、わかりました。
————————————————
問題29　女の人は、今、どこにいますか。
＊1　銀行です。
＊2　レストランです。
＊3　区役所です。

問題30　女の人について、会話の内容と合っているのは、どれですか。
＊1　禁煙席があくのを待ちます。
＊2　喫煙席に案内してもらいます。
＊3　他の店に行きます。

2　男の人の話を聞いてください。

ーーーーーーーーーーーーーーーーーー

男：日本で起きる交通事故の20パーセントは、自転車の事故だそうです。去年は、13万件以上の自転車事故が起きました。例えば、信号を守らないで自分がけがをする事故や、歩いている人にぶつかって怪我をさせたりする事故がありました。このような事故が起きる原因は、音楽を聴いたり、携帯電話を見たりしながら運転することだそうです。自転車の運転にも、車の運転と同じようにルールがあります。みなさんは、ちゃんとルールを守っていますか。

ーーーーーーーーーーーーーーーーーー

問題３１　去年日本で起きた自転車事故は、どれくらいですか。
＊１　13件以上です。
＊２　13万件以上です。
＊３　20万件以上です。

問題３２　事故の原因は、何だと言っていますか。
＊１　まわりの景色を見ていることです。
＊２　人が多い場所を走ることです。
＊３　音楽を聴いていることです。

3　会社で、女の人と男の人が話しています。この会話を聞いてください。

ーーーーーーーーーーーーーーーーーー

女：田中さん、東京事務所へ送った荷物が戻って来ましたよ。
男：えっ。どうしてですか。
女：住所がまちがっているようですよ。あそこは先月引っ越したでしょう。
男：すみません。古い住所のシールを使ってしまいました。すぐに送り直します。
女：その前に、東京事務所へ電話してください。
男：はい。荷物が遅れると伝えます。
女：それと、郵便局に住所が変わったことを伝えたかどうか、聞いてください。伝えていれば、前の住所で送ってしまった荷物も、新しい住所に届くはずですから。

ーーーーーーーーーーーーーーーーーー

問題３３　男の人は、このあとまず何をしますか。
＊１　郵便局に住所が変わったことを伝えます。
＊２　東京の事務所へ行きます。
＊３　東京の事務所に電話します。

問題３４　東京の事務所について、会話の内容と合っているのは、どれですか。
＊１　男の人の荷物を送り返しました。
＊２　先月引っ越しをしました。
＊３　荷物が遅れることを知っています。

病院で、女の人と男の人が話しています。この会話を聞いてください。

————————————————

女：こんにちは。今日はどうされましたか。

男：あの、頭痛がして、のどが痛いし、咳も出るんです。

女：では、これで熱を測ってください。あ、先にこちらの用紙に住所や名前、体の様子をご記入ください。

男：はい。わかりました。

女：健康保険証はお持ちですか。

男：はい、えーっと…。あ、忘れてきちゃった！ ないと診てもらえないんでしょうか。

女：いいえ。大丈夫ですよ。ただ、今日の診察代は、全額払っていただきます。ですが、1か月以内に保険証を持って来ていただければ、払った診察代の70パーセントをお返しします。

男：わかりました。

————————————————

問題35　男の人は、このあとまず何をしますか。
＊1　用紙に記入します。
＊2　熱を測ります。
＊3　保険証を取りに帰ります。

問題36　会話の内容と合っているのは、どれですか。
＊1　男の人は、今日診察を受けることができません。
＊2　女の人は、男の人に診察代の説明をしました。
＊3　男の人は、けがをして病院に行きました。

5　電話で、男の人と女の人が話しています。この会話を聞いてください。

————————————————

男：もしもし。株式会社ABCの青田です。先週、部品カタログの最新版をお願いしたんですけど、まだ来ないんです。送っていただけましたか。

女：えっ、それは申し訳ございません。ちょっと確認いたしますね。…えーと、18日にお電話をいただいて、その日にお送りしているので、19日か20日には、届いているはずなんですが…。

男：そうですか。すみませんが、もう一度送っていただけませんか。

女：かしこまりました。本日速達でお出しします。もし前に出したものも届きましたら、申し訳ありませんがお手元で処分していただけますか。

男：わかりました。お手数おかけしますが、よろしくお願いいたします。

女：いえ、こちらこそお手数おかけしました。

————————————————

問題37　男の人は、どうして電話をしましたか。
＊1　注文したカタログが届かないからです。
＊2　カタログが2冊届いたからです。
＊3　注文した部品が届かないからです。

問題38　会話の内容と合っているのは、どれですか。
＊1　カタログは、男の人の会社に2冊届くかもしれません。
＊2　女の人は、間違ってカタログを処分しました。
＊3　女の人は、19日にカタログを送りました。

これで聞くテストを終わります。

J.TEST実用日本語検定(D-E)

日本語検定協会

◆ 名前をローマ字で書いてください。
Write your name in roman letter.

名前
Name

◆ 受験番号を書いてください。
Write your Examinee Registration Number below.

◆ 下のマーク欄に受験番号をマークしてください。
Mark your Examinee Registration Number below.

受 験 番 号
Examinee Registration Number

◆ 漢字名がある人は、漢字で名前を書いてください。
Write your name in Kanji if you have.

名前(漢字)
Name (Kanji)

注意 [Note]

1. えんぴつ(HB～2B)でマークしてください。
Use a black soft (HB～2B) pencil. No.1 or No.2) pencil.

2. 書きなおすときは、消しゴムできれいに消して ください。
Erase any unintended marks completely.

3. きたなくしたり、おったりしないでください。
Do not soil or bend this sheet.

4. マーク例 Marking Examples.

よい例 Correct	わるい例 Incorrect
●	⊘ ⊖ ◑ ⦸

◇ 読解・記述
[Reading／Writing]

57～74のこたえは
うらに書いてください。

◇ 聴解
[Listening]

◇ 57〜74のこたえを書いてください。

	57	58	59	60	61	62	63	64	65	66
[ ]	[ ]	[ ]	[ ]	[ ]	[ ]	[ ]	[ ]	[ ]	[ ]	[ ]

	67	(A)	(B)
[ ]	67	(A)	(B)
[ ]	68	(A)	(B)
[ ]	69	(A)	(B)
[ ]	70	(A)	(B)

	71
[ ]	71
[ ]	72
[ ]	73
[ ]	74

J. TEST 実用日本語検定 問題集[D-Eレベル]2019年

2020 年 1 月 27 日　初版発行
＜検印廃止＞

著　者　日本語検定協会／J. TEST 事務局
発行者　秋田　点
発　行　株式会社語文研究社
〒136-0071　東京都江東区亀戸1丁目42-18　日高ビル8F
電話　03-5875-1231　　FAX　03-5875-1232

販　売　弘正堂図書販売株式会社
〒101-0051　東京都千代田区神田神保町 1-39
電話　03-3291-2351　　FAX　03-3291-2356

印　刷　株式会社大幸